Cynnwys newydd / *New content*

Uned	Teitl	Nod/ *Aim*	Cynnwys newydd/ *New content*
1	Helô, sut dych chi?	Dechrau sgwrs/ *Starting a conversation*	Ceri dw i Sut dych chi? Sut wyt ti? Ble dych chi'n byw? **Rhifau/***Numbers*
2	Wyt ti'n hoffi coffi?	Siarad am bethau 'dyn ni'n hoffi a gweithgareddau pob dydd/ *Talking about likes and everyday activities*	Dw i'n lico/hoffi Wyt ti'n lico/hoffi? Ydw/Nac ydw Dw i ddim yn hoffi 'Dyn ni'n hoffi 'Dyn ni ddim yn hoffi Dyddiau'r wythnos
3	Dych chi eisiau paned?	Mynegi dymuniad/ *Expressing a desire*	Dw i eisiau Wyt ti eisiau? Ydw/Nac ydw **Lliwiau/***Colours*
4	Mynd a dod	Trafod o ble 'dyn ni'n dod a ble 'dyn ni'n mynd/ *Discussing where we come from and where we are going*	**Y Treiglad Meddal/** *Soft Mutation*
5	Beth wnest ti ddoe?	Dweud beth wnaethoch chi/ *Saying what you did*	Gwnes i Wnest ti? Do/Naddo Wnaethoch chi? Do/Naddo Coginiais i
6	Sut mae'r tywydd?	Siarad am y tywydd a phobl eraill/ *Talking about the weather and other people*	Mae hi'n braf Mae hi'n gallu Mae e'n gallu Maen nhw'n gallu Sut/ble/pryd mae'r dosbarth? **Rhifau/***Numbers* 11-100
7	Ydy hi'n gweithio?	Gofyn ac ateb cwestiynau am bobl a phethau eraill/ *Asking and answering questions about other people and things*	Siân yw hi Ydy hi'n dda? Ydy/Nac ydy Ydyn nhw'n dda? Ydyn/Nac ydyn Dyw e ddim yn dda 'Dyn nhw ddim yn dda Pwy/beth/faint yw e?

Uned	Teitl	Nod/ *Aim*	Cynnwys newydd/ *New content*
8	Adolygu ac ymestyn –	**Siarad ar y ffôn** **Adolygu ac ymarfer ymadroddion ffôn/** *Revision and useful phrases for the telephone*	**Gaf i? Cei/Na chei, Cewch/Na chewch** **Dw i'n gweithio yn y coleg / Dw i'n gweithio mewn coleg**
9	Prynon ni fara	**Dweud beth wnaethoch chi a phobl eraill yn y gorffennol/** *Saying what you and others did in the past*	**Gwnaeth e/hi, Gwnaethon ni/nhw, Prynaist ti, Prynodd e/hi, Prynon ni, Prynoch chi, Prynon nhw**
10	Es i i'r dre	**Dweud ble aethoch chi a phobl eraill/** *Saying where you and others went*	**Es i** **Est ti** **Aeth e/hi** **Aethon ni** **Aethoch chi** **Aethon nhw** **Es i ddim** **Y tymhorau/***The seasons*
11	Ces i dost i frecwast	**Dweud beth gawsoch chi a phobl eraill/** *Saying what you and others had or received*	**Ces i/Ges i** **Cest ti/Gest ti** **Cafodd Sam/Gaeth Sam** **Cawson ni/Gaethon ni** **Cawsoch chi/** **Gaethoch chi** **Cawson nhw/** **Gaethon nhw** **Gest ti?** **Ches i ddim**
12	Mae car gyda fi	**Dweud beth sy gyda chi a phobl eraill/** *Saying what you and others have and own*	**Mae XX gyda fi/ti/fe/hi/ni/chi/nhw** **Oes XX gyda ti?** **Does dim XX gyda fi**
13	Roedd hi'n braf	**Disgrifio pethau yn y gorffennol/** *Describing things in the past*	**Roedd hi'n braf** **Oedd hi'n braf?** **Oedd/Nac oedd** **Doedd hi ddim yn braf** **Roedd XX gyda fi**
14	Ble ro'ch chi'n byw ac yn gweithio?	**Siarad am bethau ro'ch chi'n arfer eu gwneud/** *Talking about things you used to do*	**Ro'n i/Ro't ti/Ro'n ni/Ro'ch chi/Ro'n nhw** **Y Treiglad Trwynol/** *Nasal Mutation*

Uned	Teitl	Nod/ *Aim*	Cynnwys newydd/ *New content*
15	**Adolygu ac Ymestyn – Siarad wyneb yn wyneb**	**Adolygu ac ymarfer ymadroddion ar gyfer siarad wyneb yn wyneb/** *Revision and useful phrases for face-to-face meetings*	**Dw i wedi arall Y misoedd/** *The months*
16	**Rhifau, Amser ac Arian**	**Siarad am amser ac arian/** *Talking about time and money*	**Faint o'r gloch yw hi? Y cloc Faint yw...? Arian**
17	**Bydd hi'n braf yfory**	**Siarad am ddigwyddiadau yn y dyfodol/** *Talking about events in the future*	**Bydd e/hi Fydd e/hi...? Bydd/Na fydd Fydd e/hi ddim Bydda i**
18	**Bydda i'n mynd**	**Siarad am gynlluniau yn y dyfodol/** *Talking about plans in the future*	**Byddwn ni Byddan nhw Fyddi di? Bydda/Na fydda Fyddwch chi? Byddwn/Na fyddwn**
19	**Fy**	**Siarad am eich eiddo chi a'ch perthnasau chi/** *Talking about your possessions and your relatives*	**fy nhad i fy nrws i fy nghar i fy ngwin i fy mhen i fy mrawd i**
20	**Dy/Eich**	**Gofyn cwestiynau am eiddo a pherthnasau pobl eraill/** *Asking questions about other people's possessions and relatives*	**eich tocyn chi dy docyn di**
21	**Dewch yma!**	**Cyfarwyddo/** *Giving instructions*	**Codwch/Ewch/ Dewch/Gwnewch Coda/Cer/Dere/ Gwna**
22	**Yn y gwaith**	**Siarad yn y gwaith ac adolygu unedau 16-21/** *Speaking in work and revision of units 16-21*	

Uned 1 (un) Helô, sut dych chi?

Nod: Dechrau Sgwrs / *Starting a conversation*
(Ceri dw i, Pwy dych chi?, Sut dych chi?, Sut wyt ti?,
Ble dych chi'n byw?)

Geirfa

- enwau benywaidd / *feminine nouns*
- enwau gwrywaidd / *masculine nouns*
- berfau / *verbs*
- ansoddeiriau / *adjectives*
- arall / *other*

Cymraeg	Welsh	**paned**	cuppa
nos	night	**problem(au)**	problem(s)
noswaith	evening	**uned(au)**	unit(s)

bore(au)	morning(s)	**enw(au)**	name(s)
car (ceir)	car(s)	**heddlu**	police
croeso	welcome	**prynhawn(iau)**	afternoon(s)
dosbarth(iadau)	class(es)	**rhif(au)**	number(s)

byw	to live	**gwylio**	to watch
darllen	to read	**gyrru**	to drive
dysgu	to learn, to teach	**stopio**	to stop

da	good	**pinc**	pink
ofnadwy	terrible	**wedi blino**	tired

a	and	**i**	to
ble	where	**iawn**	ok, very
chi	you	**nawr**	now
diolch	thanks	**ond**	but
dyna pam	that's why	**pawb**	everybody
eto	again	**pwy**	who
fi	me	**sut**	how
gyda	with	**ti**	you
heddiw	today	**yma**	here
hwyl!	bye!	**yn**	in

Geiriau pwysig i fi

....
× ....
× ....
× ....
× ....

Cymraeg Dosbarth – Pawb! Eto!

"

Siôn dw i.	*I'm Siôn.*
Siân dw i.	*I'm Siân.*
Pwy dych chi?	*Who are you?*
Sut dych chi?	*How are you?*
Iawn.	*OK.*
Da iawn, diolch.	*Very well, thanks.*
Ofnadwy.	*Terrible.*
Wedi blino.	*Tired.*

Sgwrs 1

"

A: Helô, Eryl dw i. Pwy dych chi?

B: Bore da, Ceri dw i. Sut dych chi?

A: Da iawn, diolch. Sut dych chi?

B: Iawn, diolch.

A: Hwyl, Ceri!

B: Hwyl.

Ynganu – Yr Wyddor

Aa

A - c**a**t/h**a**rd	**Ng** - lo**ng**	**Ph** - **ph**ysics
B - **b**at	**H** - **h**ard	**R** - **r**ace
C - **c**at	**I** - **i**nk/tr**ee**	**Rh** - as in Y **Rh**yl **Rh**iwbeina
Ch - lo**ch**	**J** - **j**am	**S** - **s**even
D - **d**og	**L** - **l**ounge	**T** - **t**avern
Dd - **th**e	**Ll** - **Ll**anelli (Place tongue behind teeth and blow)	**Th** - **th**ree
E - **e**gg/**ai**r	**M** - **m**am	**U** - t**i**n/b**ee**n
F - **v**alley	**N** - **n**o	**W** - **w**ater/l**oo**k
Ff - **f**riend	**O** - **o**range/r**oa**r	**Y** - b**i**n / b**ee**n/ '**uh**' as in Pontypridd
G - **g**arden	**P** - **p**aper	

Un llythyren (*one letter*) yw

Ch	Dd	Ff	Ng	Ll	Ph	Rh	Th

Rhifau

dim (0)	pedwar (4)	wyth (8)
un (1)	pump (5)	naw (9)
dau (2)	chwech (6)	deg (10)
tri (3)	saith (7)	

Pwyslais! *Stress!*

professional ———————————	**proffesiYNol**	The emphasis in Welsh is almost always on the last but one syllable.
novelist ———————————	**noFELydd**	
psychologist ———————————	**seicoLEGydd**	
psychiatrist ———————————	**seiciATrydd**	

Siôn	A	Siân
Huw	2	Mair
Marc	3	Gwen
Gareth	4	**Mar**ged
Carwyn	5	**Rhi**an
Rhodri	6	**Beth**an
Dylan	7	**Glen**ys
Geraint	8	**Eir**lys
Gwilym	9	**Mar**i
Rhidian	10	Rhi**ann**on
Arfon	Jac	El**er**i
Llyw**el**yn	Brenhines	Mer**er**id
Mer**ed**ydd	Brenin	Myf**an**wy

Ymarfer! *Practice!*

mân	man	gwên	Gwen	tôn	ton	dur	dŵr
twr	tŵr	hyn	hŷn	cân	carn	ci	si
dal	dall	dallu	dathlu	marc	march	y garreg	y garej
nodi	noddi	beth	bedd	gwyrth	gwyrdd	ofer	offer

Sgwrs 2

A: O na, yr heddlu! (Stopio'r car)

B: Hello, hello, hello.

A: Cymraeg, plîs.

B: O, helô, helô, helô.

A: Prynhawn da, cwnstabl.

B: Prynhawn da. Pwy dych chi?

A: Ceri Llwyd dw i.

B: Ceri Llwyd, y gitarydd?

A: Ie, sut ...

B: Y gitarydd gyda band Y Pandas Pinc?

A: Ie.

B: Y Pandas Pinc. Waw...

A: Problem gyda'r car, cwnstabl?

B: Na, na, dim problem. Hwyl, Ceri.

A: Hwyl.

B: Wel, wel, Ceri Llwyd, Y Pandas Pinc, waw ...

Sut wyt ti?

A: Bore da Ceri.

B: Helô Eryl. Sut wyt ti?

A: Da iawn diolch, sut wyt ti?

B: Iawn.

CHI = *formal & plural*
TI = *one person you know well, a child, a pet*

| **Ble dych chi'n byw?** | *Where do you live ?* | **Llanelli.** |
| **Ble rwyt ti'n byw?** | *Where do you live?* | **Abertawe.** |

Dw i'n gyrru *Fiesta.* ———————— *I drive a Fiesta.*
Dw i'n gwylio *Strictly.* ———————— *I watch Strictly.*
Dw i'n darllen y *Western Mail.* ——— *I read the Western Mail.*
Dw i'n dysgu Cymraeg. ———————— *I'm learning Welsh.*

Sgwrs 3

A: Bore da. Sut dych chi?

B: Iawn, ond wedi blino heddiw.

A: Ble dych chi'n byw nawr?

B: Abertawe.

A: Abertawe? A dych chi'n dysgu Cymraeg yma!

B: Dyna pam dw i wedi blino. Dw i'n gyrru i'r dosbarth Cymraeg.

A: Paned?

B: Ie, plîs.

Help llaw *(Top Tips)*

Yr Wyddor *(The Alphabet)*

1. *Welsh pronunciation is generally quite consistent.*

   There are 7 vowels –
   a e i o u w y
   Y has 2 sounds, see Ynys, Aberystwyth. *This will be explained soon.*

   A, I, O + Y are also useful words! (meaning and, to, from, the)

   *S also has 2 sounds – normally a hiss (*S*ut) but combined with* i *is a sh sound (e.g.* Si*ân)*

2. *The stress on a Welsh word is almost always on the last syllable but one.*

3. **Iawn** *– You will see in the vocabulary that* 'iawn' *can mean both 'OK' and 'very'. On its own, it means 'OK':* Sut dych chi? Iawn.

   However, when used after an adjective its meaning is 'very': da iawn *(very good).*

4. *Ti + Chi are similar to Tu + Vous in French (and many other languages). Ti is always singular and Chi can be either formal singular or plural.*

5. *The word for 'and' is* a, *but it becomes* ac *before a vowel.* Aled a Siân / Siân ac Aled

greet 1   greet 2   present1

Uned 2 (dau) – Wyt ti'n lico/hoffi coffi?

Nod: Siarad am bethau 'dyn ni'n hoffi a gweithgareddau pob dydd/
Talking about likes and everyday activities (Dw i, 'dyn ni, wyt ti, dych chi)

Geirfa

cacen(nau)	cake(s)	**teisen(nau)**	cake(s)
pêl (peli)	ball(s)	**wythnos(au)**	week(s)

bwyd	food	**gwin**	wine
caws	cheese	**hoci**	hockey
cerdyn (cardiau)	card(s)	**llaeth**	milk
cig(oedd)	meat(s)	**papur newydd**	newspaper
coffi(s)	coffee(s)	**pêl-droed**	football
criced	cricket	**radio**	radio
dau	two	**siocled(i)**	chocolate(s)
dillad	clothes	**siwgr**	sugar
dydd(iau)	day(s)	**teledu**	television
golff	golf	**tost**	toast

bod	to be	**hoffi**	to like
bwyta	to eat	**lico**	to like
canu	to sing	**mynd**	to go
chwarae	to play	**prynu**	to buy
dawnsio	to dance	**siopa**	to shop
gweithio	to work	**smwddio**	to iron
gweld	to see	**yfed**	to drink
gwneud	to do, to make	**ymddeol**	to retire

bendigedig	brilliant	**neis**	nice
coch	red	**newydd**	new
gwyn	white	**siŵr**	sure

beth	what	**i**	to/for
chwaith	either	**mynd am dro**	to go for a walk
dim	not; nothing; zero	**wrth gwrs**	of course
hefyd	also	**ych a fi**	horrid
heno	tonight	**yfory**	tomorrow

Cymraeg Dosbarth
Codwch!
Eisteddwch!

Geiriau pwysig i fi

× ....
× ....

× ....
× ....

Lico/Hoffi

Dw i'n lico/hoffi coffi.	I like coffee.
Dw i'n lico/hoffi siocled.	I like chocolate.
Dw i'n lico/hoffi pitsa.	I like pizza.
Dw i'n lico/hoffi llaeth.	I like milk.

Wyt ti'n lico/hoffi coffi?	Do you like coffee?
Wyt ti'n lico/hoffi siwgr?	Do you like sugar?
Wyt ti'n lico/hoffi cyrri?	Do you like curry?
Wyt ti'n lico/hoffi pasta?	Do you like pasta?

Ydw. ✔   Nac ydw. ✗

Dw i ddim yn lico/hoffi caws.	I don't like cheese.
Dw i ddim yn lico/hoffi siocled.	I don't like chocolate.
Dw i ddim yn lico/hoffi cyrri.	I don't like curry.
Dw i ddim yn lico/hoffi pasta.	I don't like pasta.

Enw	caws	cacen	pêl-droed	canu
Chi				
Tiwtor				

A: Wyt ti'n hoffi gwin gwyn?

B: ✔ ....

A: Dw i ddim. Wyt ti'n hoffi gwin coch?

B: ✗ ....

A: Dw i ddim yn hoffi gwin coch chwaith! Ond dw i'n hoffi coffi!

B: A fi. Dw i'n hoffi coffi hefyd.

*****

A: Wyt ti'n lico rygbi?

B: ✔ ....

A: Dw i ddim. Wyt ti'n lico criced?

B: ✗ ....

A: Dw i ddim yn lico criced chwaith! Ond dw i'n lico pêl-droed.

B: A fi. Dw i'n lico pêl-droed hefyd.

Sgwrs 1

Ceri: Noswaith dda, Eryl. Sut wyt ti?
Eryl: Da iawn, diolch. A sut wyt ti?
Ceri: Wedi blino, heno.
Eryl: Wyt ti'n mynd i'r dosbarth salsa yfory?
Ceri: Ydw, wrth gwrs! Dw i'n lico'r dosbarth salsa.
Eryl: Da iawn! Hwyl, Ceri.
Ceri: Nos da.

Beth dych chi'n hoffi/lico? —————— *What do you like?*

Beth dych chi ddim yn hoffi/lico? — *What don't you like?*

Beth wyt ti'n hoffi/lico ar y teledu? — *What do you like on television?*

Beth wyt ti'n hoffi/lico ar y radio? — *What do you like on the radio?*

Dw i'n hoffi pasta ond dw i ddim yn hoffi pitsa.
Dw i'n hoffi ioga ond dw i ddim yn hoffi dawnsio.

Beth dych chi **ddim** yn hoffi?

siopa	dawnsio	canu
gweithio	smwddio	darllen

Ynganu – llafariaid hir/*long vowels*

Gyda'r tiwtor, wedyn gyda'ch partner, dwedwch:

da/de/di/do/du/dw/dy
pa/te/ci/to/plu/nhw/fy

Ymarfer! *Practice!*

brain	dull	mud	union	archangel
campus	faint	murmur	sail	Arthur
call	haul	offer	toes	barn
cell	her	person	toll	blinder
dawn	hurt	pump	bore	draw
march	torch			

'Dyn ni'n dysgu Cymraeg. ——— *We are learning Welsh.*
'Dyn ni'n darllen papur newydd —— *We read a newspaper in the*
yn y bore. *morning.*
'Dyn ni'n mynd am dro yn y ——— *We go for a walk in the afternoon.*
prynhawn.
'Dyn ni'n prynu bwyd yn Tesbury's. — *We buy food in Tesbury's.*

Ble dych chi'n siopa? ————— *Where do you shop?*
Ble dych chi'n prynu bwyd? ——— *Where do you buy food?*
Ble dych chi'n prynu dillad? —— *Where do you buy clothes?*
Ble dych chi'n prynu petrol? —— *Where do you buy petrol?*

Holiadur siopa/*Shopping questionaire*
Gofynnwch i saith person ble maen nhw'n prynu bwyd, dillad, petrol.
Ask seven class members where they buy bwyd, dillad, petrol.

Enw	bwyd	dillad	petrol

'**Dyn ni ddim yn gwylio *Emmerdale*.** — *We don't watch Emmerdale.*
'**Dyn ni ddim yn bwyta cig.** ———— *We don't eat meat.*
'**Dyn ni ddim yn hoffi/lico criced.** — *We don't like cricket.*
'**Dyn ni ddim yn yfed gwin.** ———— *We are not drinking wine.*

Dyddiau'r wythnos *(days of the week)*

dydd Sul	dydd Llun	dydd Mawrth	dydd Mercher
dydd Iau	dydd Gwener	dydd Sadwrn	HWRÊ!!

Pryd dych chi'n......?
chwarae tennis/hoci/golff/cardiau/pêl-droed/rygbi/criced?
siopa?
dysgu Cymraeg/ioga/pilates?

	Llun	Mawrth	Mercher	Iau	Gwener	Sadwrn	Sul
Chi							

	Llun	Mawrth	Mercher	Iau	Gwener	Sadwrn	Sul
Partner							

Beth dych chi'n wneud?

	Chi		
dydd Sul			
dydd Llun			
dydd Mawrth			
dydd Mercher			
dydd Iau			
dydd Gwener			
dydd Sadwrn			

chwarae... dawnsio dysgu Cymraeg

prynu... siopa smwddio

gwylio... darllen gweithio

Sgwrs 2

A: Bore da.

B: Hmff.

A: Sut dych chi heddiw?

B: Ofnadwy. Dw i ddim yn lico dydd Llun.

A: Coffi?

B: Ych a fi. Dw i ddim yn lico coffi.

A: Te?

B: Iawn.

A: Llaeth?

B: Ych a fi. Dw i ddim yn lico llaeth. Reit, ble dw i'n gweithio?

A: Gweithio? Ym, dw i ddim yn siŵr. Pwy dych chi, plîs?

B: Williams, y bòs newydd.

A: O? Neis iawn.... Croeso, Mr Williams.

B: Dr Williams.

A: Croeso, Dr Williams.

....

A: (wrtho/wrthi ei hun / to him/herself) Ych a fi, dwi ddim yn lico'r bòs newydd.

Robin Radio

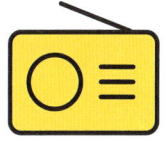

a) Atebwch / *Answer:*

Gyda phwy mae Robin yn siarad?
Who is Robin speaking to?

....

....

....

Pa adeg o'r diwrnod yw hi?
What time of day is it?

....

....

....

Ble mae Robin yn byw?
Where does Robin live?

....

....

b) Gwrandewch am / *Listen out for:*

Pwy sy'n siarad? — *Who is speaking?*
heddiw ————— *today*
wedi ymddeol —— *retired*

c) Cyfieithwch / *Translate:*

How are you today?

....

Where do you live?

....

I don't work.

....

....

....

....

Help llaw

1. The verb **bod** *(to be) is very important in Welsh. Here it is used to make present tense patterns.* **Dw i + yn + *verb* (also Rwyt ti, 'Dyn ni, Dych chi)** *In this unit we have been looking at present tense sentences, e.g.*

Dw i'n hoffi ———————	*I like*
Dw i'n mynd ———————	*I go/I am going*
Dw i'n darllen ———————	*I read/I am reading*
Dw i'n gweithio ———————	*I work/I am working*

2. **Dw i'n hoffi** – *I like* – *is also said as* **Dw i'n lico/licio** *in many areas of Wales. Both are fine, use the one you like (ask your tutor!)*

3. **Ydw / Nac ydw** *is the 1st person answer (present tense) when questions start with* **Wyt ti** *or* **Dych chi...** *You are literally saying I am/ I do or I am not / I don't. The plural is* **Ydyn / Nac ydyn.**

4. *You may come across the form* **Rydw i. Dw i** *is a shortened form used in speech.*

5. *Here are the forms of the verb* **bod** *in* Uned 2:

Dw i	**'Dyn ni**
Rwyt ti	**Dych chi**
Dw i ddim	**'Dyn ni ddim**
Dwyt ti ddim	**Dych chi ddim**
Wyt ti?	**Ydw/Nac ydw**
Dych chi?	**Ydw/Nac ydw**
	Ydyn/Nac ydyn

present1   present2   days1

Uned 3 (tri) Dych chi eisiau paned?

Nod: Mynegi dymuniad / *Expressing a desire*
(Dw i eisiau, Mae Aled eisiau)

Geirfa

diod(ydd)	*drink(s)*	**punt (punnoedd)**	*pound(s) (money)*

blodyn (blodau)	*flower(s)*	**hufen iâ**	*ice cream*
caffi(s)	*café(s)*	**pysgodyn (pysgod)**	*fish(es)*
coffi	*coffee*	**rhywbeth**	*something*
dŵr	*water*	**sglodion**	*chips*
finegr	*vinegar*	**te**	*tea*
ffôn (ffonau)	*phone(s)*	**tŷ (tai)**	*house(s)*
halen	*salt*		

cael	*to have*	**eisiau**	*to want*
clywed	*to hear*	**nofio**	*to swim*
deall	*to understand*		

arall	*other, else*	**rhywbeth arall**	*something else*
dyma	*here is, this is*	**os gwelwch chi'n dda**	*please*

> **Cymraeg Dosbarth** –
> Dw i ddim yn deall.

Geiriau pwysig i fi

....
× ....

....
× ....

....
× ....

....
× ....

Dw i eisiau paned. ———————— *I want a cuppa.*
Dw i eisiau te. ———————— *I want tea.*
Dw i eisiau car newydd. ———————— *I want a new car.*
Dw i eisiau swydd newydd. ———————— *I want a new job.*

Wyt ti eisiau diod? ———————— *Do you want a drink?*
Wyt ti eisiau paned? ———————— *Do you want a cuppa?*
Wyt ti eisiau llaeth? ———————— *Do you want milk?*
Wyt ti eisiau siwgr? ———————— *Do you want sugar?*

Ydw. ✔ **Nac ydw.** ✗

Dw i ddim eisiau coffi. ———————— *I don't want coffee.*
Dw i ddim eisiau te gwyrdd. ———————— *I don't want green tea.*
Dw i ddim eisiau tŷ newydd. ———————— *I don't want a new house.*
Dw i ddim eisiau ffôn newydd. ———————— *I don't want a new phone.*

Amser Paned – Gofynnwch i'r dosbarth:

Enw	coffi	te	llaeth	siwgr
Chi				
Tiwtor				

Sgwrs 1

A: Helô. Beth dych chi eisiau?
B: Pysgodyn a sglodion, os gwelwch chi'n dda.
A: Dych chi eisiau finegr?
B: Ydw, plîs.
A: Dych chi eisiau halen?
B: Dim diolch.
A: Dych chi eisiau rhywbeth arall?
B: Potel o lemonêd, os gwelwch chi'n dda.
A: Dyma chi. Pum punt, os gwelwch chi'n dda.
B: Dyma chi.
A: Diolch.

Yn y caffi...

A: Beth dych chi eisiau?

B:

A: Dych chi eisiau ?

B: ☒

A: Dych chi eisiau ?

B: ☑ Dw i'n lico siwgr.

A: Dych chi eisiau rhywbeth arall?

B: ☒

A: Dyma chi. Punt os gwelwch chi'n dda.

B: Dyma chi.

A: Diolch.

A: Beth dych chi eisiau?

B:

A: Dych chi eisiau ?

B: ☑

A: Dych chi eisiau ?

B: ☒ Dw i ddim yn lico siwgr.

A: Dych chi eisiau rhywbeth arall?

B: ☒

A: Dyma chi. Punt os gwelwch chi'n dda.

B: Dyma chi.

A: Diolch.

'Dyn ni eisiau dawnsio heno.	*We want to dance tonight.*
'Dyn ni eisiau canu carioci heno.	*We want to sing karaoke tonight.*
'Dyn ni eisiau smwddio heno.	*We want to iron tonight.*
'Dyn ni eisiau gwneud y gwaith cartref heno.	*We want to do the homework tonight.*

Dych chi eisiau dawnsio heno?	*Do you want to dance tonight?*
Dych chi eisiau canu carioci heno?	*Do you want to sing karaoke tonight?*
Dych chi eisiau smwddio heno?	*Do you want to iron tonight?*
Dych chi eisiau gwneud y gwaith cartre heno?	*Do you want to do the homework tonight?*

Sgwrs 2

A: Dych chi eisiau paned?

B: Mm, diolch yn fawr. Coffi, plîs.

A: Dych chi eisiau llaeth a siwgr?

B: Ydw, llaeth a chwech siwgr.

A: Dyma chi. Dych chi eisiau cacen?

B: Dim diolch. Dw i'n slimo.

Mae Siân eisiau diod.	*Siân wants a drink.*
Mae Aled eisiau te.	*Aled wants tea.*
Mae Mari eisiau coffi.	*Mari wants coffee.*
Mae Gareth eisiau dŵr.	*Gareth wants water.*

Ynganu

cof	ffynnu	nain	trai
crai	hynny	sain	dysgu
synnu	taid	main	

Lliwiau

gwyn

gwyrdd

glas

porffor

coch

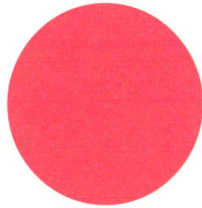

pinc

oren

melyn

llwyd

brown

du

Blodau

Robin Radio

a) Atebwch / *Answer:*
Pwy sy'n ffonio Robin? *Who is phoning Robin?*

....

Sut mae Haf? *How is Haf?*

....

Beth yw gwaith Haf? *What is Haf's job?*

....

b) Gwrandewch am / *Listen out for:*
Mae'n braf. —————— *It's nice weather.*
ysbyty —————— *hospital*
Diolch am ffonio. —— *Thanks for phoning.*

c) Cyfieithwch / *Translate:*
I'm Haf. How are you? ....

Where do you work? ....

Help llaw

1. *When using* **eisiau** *– to want – never use* **yn**.

2. *The third person singular of* **bod** *(to be) is introduced in* Uned 3. *To speak of a third person we use* **Mae** *at the beginning of the sentence:*

Mae Aled eisiau diod. / Mae Aled yn hoffi te.
Mae Aled yn dysgu Cymraeg.

So far, you have learned.

Dw i	*I am*	'Dyn ni	*We are*
Rwyt ti	*You are*	Dych chi	*You are*
Mae Aled	*Aled is*		

wanting1   colours

Uned 4 (pedwar) – Mynd a dod

Nod: Trafod o ble dych chi'n dod a ble dych chi'n mynd/
Discussing where you come from and where you are going
(Dw i'n dod o, dw i'n mynd i)

Geirfa

Cymru	Wales	**mefusen**	strawberry
gêm (gemau)	game(s), match(es)	**(mefus)**	(strawberries)
gwlad (gwledydd)	country (countries)	**siop(au)**	shop(s)
gwyliau	holiday(s)	**tref(i)**	town(s)
Iwerddon	Ireland	**tudalen(nau)**	page(s)
Lloegr	England	**Yr Alban**	Scotland

byd	world	**hufen**	cream
dyn(ion)	man (men)	**Nadolig**	Christmas
gwaith	work	**penwythnos(au)**	weekend(s)
gwely(au)	bed(s)	**sinema (sinemâu)**	cinema(s)

aros	to stay, to wait	**dweud**	to say, to tell
cerdded	to walk	**hedfan**	to fly
cofio	to remember	**helpu**	to help
dod	to come	**nabod**	to know, to recognise

bach	small	**gwreiddiol**	original

a dweud y gwir	to tell the truth	**pan**	when
ac ati	etc.	**pob lwc**	good luck
adre	(towards) home	**weithiau**	sometimes
dros	over	**wir**	indeed
dyna	there is	**yno**	there
neu	or		

Geiriau pwysig i fi

× ....
× ....
× ....
× ....

Cymraeg Dosbarth – Gwela i chi yr wythnos nesa!

Dw i'n dod o Abertawe. —————— *I come from Swansea.*
Dw i'n dod o Harlech. —————— *I come from Harlech.*
'Dyn ni'n dod o'r Bala. —————— *We come from Bala.*
'Dyn ni'n dod o'r Fenni. —————— *We come from Abergavenny.*

O ble rwyt ti'n dod? —————— *Where do you come from?*
O ble dych chi'n dod? —————— *Where do you come from?*

ABERYSTWYTH	ABERDEEN
EGLWYSBACH	EGLWYSWRW
FFWRNAIS	FFRAINC
HARLECH	HWLFFORDD
AWSTRALIA	IWERDDON
RADUR	RWSIA
SOLFACH	SBAEN
WAUNFAWR	WRECSAM
YSTRADGYNLAIS	Y BARRI

Y Treiglad Meddal – *Soft Mutation*

Ar ôl o mae 9 llythyren *(9 letters)* **yn newid. Gweler Help llaw** *(see Help llaw)*

t	d	ll
c	g	rh
p	b	m

Dw i'n dod o **D**alybont, o **D**reffynnon, o **D**reorci, o **D**yddewi	T > D
Dw i'n dod o **G**aerdydd, o **G**eredigion, o **G**aergybi, o **G**ymru	C > G
Dw i'n dod o **B**enarth, o **B**wllheli, o **B**restatyn, o **B**ontypridd	P > B
Dw i'n dod o **Dd**olgellau, o **Dd**owlais, o **Dd**eganwy, o **Dd**inbych	D > Dd
Dw i'n dod o _**L**ynebwy, o _**W**ynedd, o _**L**ynceiriog, o _**W**ent	G > _
Dw i'n dod o **F**angor, o **F**ethesda, o **F**rynmawr, o **F**edwas	B > F
Dw i'n dod o **R**ydaman, o **R**uthun, o **R**isga, o **R**osneigr	Rh > R
Dw i'n dod o **L**angrannog, o **L**anelli, o **L**angollen, o **L**oegr	Ll > L
Dw i'n dod o **F**achynlleth, o **F**erthyr, o **F**aesteg, o **F**eifod	M > F

O ble dych chi'n dod yn wreiddiol?

Cymru —————————	*Wales*
Iwerddon ————————	*Ireland*
Yr Alban —————————	*Scotland*
Lloegr —————————	*England*

Mae Gareth yn dod o Gymru.	———	*Gareth comes from Wales.*
Mae Lisa yn dod o Loegr.	———	*Lisa comes from England.*
Mae Iona yn dod o Iwerddon.	———	*Iona comes from Ireland.*
Mae Andrew yn dod o'r Alban.	———	*Andrew comes from Scotland.*
O ble mae Carmen yn dod?	———	*Where does Carmen come from?*

Enw	C	Ll	A	I	?

Dyma gerdd *(poem)* gan Cyril Jones (*Dysgu trwy lenyddiaeth*, CBAC)

I gofio'r treiglad meddal:
Mae Ceri o Gaerdydd,
Mae Tom yn dod o Dalybont
A Pam o Bontypridd.

Mae Gwyn yn dod o Wynedd,
Mae Dai o Ddinas Brân,
Mae Bob yn dod o Fangor,
A dyna hanner cân.

Mae Mari'n dod o Fargam,
A Llew o Lan–y–bri,
Mae Rhys yn dod o Ryd–y–waun,
Ac wedyn, dyna ni!

Ble dych chi'n mynd?

Dw i'n mynd i Gaerdydd.	*I'm going to Cardiff.*
Dw i'n mynd i Fangor.	*I'm going to Bangor.*
Dw i'n mynd i Landudno.	*I'm going to Llandudno.*
Dw i'n mynd i Bontypridd.	*I'm going to Pontypridd.*
Dw i'n mynd i'r sinema.	*I'm going to the cinema.*
Dw i'n mynd i'r gêm.	*I'm going to the game.*
Dw i'n mynd i'r siop.	*I'm going to the shop.*
Dw i'n mynd i'r amgueddfa.	*I'm going to the museum.*
'Dyn ni'n mynd i'r gwaith.	*We're going to work.*
'Dyn ni'n mynd i'r dosbarth.	*We're going to class.*
'Dyn ni'n mynd i'r gwely.	*We're going to bed.*
'Dyn ni'n mynd i'r dre.	*We're going to town.*
Ble rwyt ti'n mynd yfory?	*Where are you going tomorrow?*
Ble rwyt ti'n mynd dydd Sul?	*Where are you going on Sunday?*
Ble dych chi'n mynd nos yfory?	*Where are you going tomorrow night?*
Ble dych chi'n mynd nos Sul?	*Where are you going Sunday night?*

Dych chi'n cofio?

dydd Sul	**dydd Mercher**	**dydd Sadwrn**
dydd Llun	**dydd Iau**	
dydd Mawrth	**dydd Gwener**	

Ond...

nos Sul	**nos Fercher**	**nos Sadwrn -**
nos Lun	**nos Iau**	**Hwrê!!**
nos Fawrth	**nos Wener**	

Chi	nos Lun	nos Fawrth	nos Fercher	nos Iau	nos Wener	nos Sadwrn	nos Sul
Ble?							
Sut?							
Partner:	nos Lun	nos Fawrth	nos Fercher	nos Iau	nos Wener	nos Sadwrn	nos Sul
Ble?							
Sut?							

BLE? – i'r sinema, i'r theatr, i'r dre, i'r gêm, i'r dosbarth, i'r caffi, i'r siop.
SUT? – yn y car, ar y bws, ar y trên **neu** Dw i'n cerdded.

Beth dych chi'n mynd i wneud?

Dw i'n mynd i siopa. ————————	*I'm going shopping.*
Dw i'n mynd i nofio. ————————	*I'm going swimming.*
Dw i'n mynd i chwarae golff. ————————	*I'm going to play golf.*
Dw i'n mynd i helpu ffrind. ————————	*I'm going to help a friend.*
Dw i'n mynd i ddarllen llyfr. ————————	*I'm going to read a book.*
Dw i'n mynd i gael bath. ————————	*I'm going to have a bath.*
Dw i'n mynd i fwyta cinio. ————————	*I'm going to eat lunch.*
Dw i'n mynd i weld ffilm. ————————	*I'm going to see a film.*

1 - heno   **2** - bore fory   **3** - nos fory

4 - dydd Sul   **5** - nos Sul   **6** - wythnos nesa

Ynganu – llythrennau dwbl

Aberystwyth	**Clydach**	**Dinbych**	Edrychwch yn ôl ar yr wyddor ar dudalen 8. *Look back at the alphabet on page 8.*
Dolgellau	**Hwlffordd**	**Llandudno**	
Llanelli	**Llanfihangel**	**Llangollen**	
Machynlleth	**Pwllheli**	**Rhuddlan**	
Rhyd-ddu	**Treffynnon**	**Tyddewi**	

Sgwrs 1

Ceri: O ble rwyt ti'n dod yn wreiddiol?

Chris: Dw i'n dod o America.

Ceri: Ble yn America?

Chris: Dw i'n dod o Los Angeles.

Ceri: Wel, wel, dw i'n lico Los Angeles. Dw i'n mynd yno ar wyliau bob haf.

Chris Wyt ti'n nabod Ioan Ifans o Gaerdydd?

Ceri: Ydw wir! Dw i'n aros gyda Ioan weithiau.

Chris: Wel, wel, dw i'n mynd i wylio pêl fasged gyda Ioan yn aml.

Ceri: Byd bach!

Sgwrs 2

A: Beth wyt ti'n wneud y penwythnos 'ma?

B: Dw i'n mynd i Lundain ar y trên bore dydd Gwener.

A: Pryd?

B: Pump o'r gloch y bore. Dw i'n mynd i Stockholm yn y prynhawn.

A: O ble rwyt ti'n mynd?

B: O Heathrow. Dw i'n mynd i weld tîm pêl-droed Cymru yn chwarae Sweden nos Wener.

A: Ble rwyt ti'n aros?

B: Dw i ddim yn aros. Dw i'n mynd ar y fferi i Riga yn Latfia dros nos. Dw i'n mynd i barti yn Riga nos Sadwrn.

A: Pryd rwyt ti'n dod adre?

B: Nos Sul. Wel, tri o'r gloch y bore, bore dydd Llun, a dweud y gwir.

A: Wyt ti'n gweithio dydd Llun?

B: Ydw, dw i'n mynd i Gaerdydd gyda'r bòs. 'Dyn ni'n mynd ar y trên o Fangor!

A: Pob lwc!

Llenwch y bylchau/*Fill in the gaps:*

Dw i'n mynd i .... ar y trên bore dydd Gwener.

Dw i'n mynd i Stockholm yn y prynhawn o ....

Dw i'n mynd ar y fferi i .... dros nos.

Dw i'n mynd i .... yn Riga nos Sadwrn.

Dw i'n mynd i Fangor ar y .... bore Llun.

Robin Radio

a) Atebwch / *Answer:*

1. Gyda phwy mae Robin yn siarad? *Who is Robin talking to?*

....

2. Ble mae hi'n byw? *Where does she live?*

....

3. Pam mae hi'n mynd i Melbourne? *Why is she going to Melbourne?*

....

b) Gwrandewch am / *Listen out for:*

dros y Nadolig ——————— *over Christmas*
Dych chi'n mynd yn ôl? —— *Do you go back?*
siwrne dda ————————— *good journey*

c) Cyfieithwch / *Translate:*

I come from Australia. ....

I'm going to Melbourne. ....

Help llaw

1. Y Treiglad Meddal / *The Soft Mutation*

You may have noticed that some words change their first letter in Welsh sometimes. These are called mutations and are meant to make it easier to link words together.

Once you start listening out for them you will see that they are quite common for various reasons – but don't worry too much about them, they don't change the meaning and people will understand you even if you forget.

*After the words **o** (from) and **i** (to) there is a change called the soft mutation –* **treiglad meddal.**

Only 9 letters change – the majority stay the same.

t > d	d > dd	m > f
c > g	g > /	rh > r
p > b	b > f	ll > l

2. Dw i'n mynd i'r = *I'm going to the…blocks the mutation unless it's a* **singular** *feminine noun!* **Dw i'n mynd i'r dosbarth, i'r caffi, i'r tŷ bwyta, i'r dafarn, i'r dre** *(feminine nouns!).*

3. I'r *means 'to the' but look at the following phrases:*

mynd i'r dosbarth ———————— *to go to class*
mynd i'r gwaith ———————— *to go to work*
mynd i'r ysgol ———————— *to go to school*
mynd i'r dre ———————— *to go to town*

In English, we omit 'the' when referring to a specific place we attend regularly.

4. Dw i'n mynd i *…can mean both "I'm going to…" a place and "I'm going to…." do something.*

countries goingto days1

Uned 5 (pump) – Beth wnest ti ddoe?

Nod: Dweud beth wnaethoch chi/_Saying what you did_
(Gwnes i, Beth wnest ti?, Beth wnaethoch chi? Coginiais i)

Geirfa

eglwys(i)	church(es)	**swyddfa bost**	a post office
lolfa	lounge	**tafarn(au)**	pub(s)
llyfrgell(oedd)	library (libraries)	**ysgol(ion)**	school(s)

amser	time	**parc(iau)**	park(s)
banc(iau)	bank(s)	**rygbi**	rugby
cartref(i)	a home (homes)	**stamp(iau)**	stamp(s)
clwb (clybiau)	club(s)	**swper**	supper
llestr(i)	dish(es)	**ysbyty (ysbytai)**	hospital(s)
llyfr(au)	book(s)		

coginio	to cook	**golchi**	to wash
edrych ar	to look at	**ymlacio**	to relax
garddio	to garden		

diwetha	last (previous)

ddoe	yesterday	**neithiwr**	last night
gyda'r nos	in the evening	**wedyn**	afterwards

Geiriau pwysig i fi

× ....
× ....
× ....
× ....

Cymraeg Dosbarth –
Mae'n ddrwg gyda fi.

Gwnes i swper ddoe.	I made supper yesterday.
Gwnes i de ddoe.	I made tea yesterday.
Gwnes i ginio ddoe.	I made dinner yesterday.
Gwnes i frecwast ddoe.	I made breakfast yesterday.
Beth wnest ti ddoe?	What did you do yesterday?
Beth wnest ti neithiwr?	What did you do last night?
Beth wnaethoch chi ddoe?	What did you do yesterday?
Beth wnaethoch chi neithiwr?	What did you do last night?
Wnest ti swper ddoe?	Did you make supper yesterday?
Wnest ti de ddoe?	Did you make tea yesterday?
Wnest ti ginio ddoe?	Did you make dinner yesterday?
Wnest ti frecwast ddoe?	Did you make breakfast yesterday?

Do. ✔ **Naddo.** ✗

8.15am	**gwneud paned**	**1.30pm**	**gwneud gwaith cartref**
8.30am	**gwneud brecwast**	**2.00pm**	**gwneud tost**
11.00am	**gwneud coffi**	**3.30pm**	**gwneud te**
12.30pm	**gwneud cinio**	**7.00pm**	**gwneud swper**

golchi	golch**ais** i	coginio	cogini**ais** i
ymolchi	ymolch**ais** i	ymlacio	ymlaci**ais** i
edrych	edrych**ais** i		

Gyrrais i ddoe. —————— *I drove yesterday.*
Ymolchais i ddoe. —————— *I washed yesterday.*
Bwytais i ddoe. —————— *I ate yesterday.*

Bwytais i siocled ddoe. —————— *I ate chocolate yesterday.*
Bwytais i sglodion ddoe. —————— *I ate chips yesterday.*
Bwytais i gig ddoe. —————— *I ate meat yesterday.*
Bwytais i gaws ddoe. —————— *I ate cheese yesterday.*

Coginiais i bysgod ddoe. —————— *I cooked fish yesterday.*
Gwyliais i *Pobol y Cwm* ddoe. —————— *I watched Pobol y Cwm yesterday.*
Gweithiais i yn y tŷ ddoe. —————— *I worked in the house yesterday.*
Ymlaciais i yn y tŷ ddoe. —————— *I relaxed in the house yesterday.*

Darllenais i lyfr neithiwr. —————— *I read a book last night.*
Chwaraeais i gyda'r plant neithiwr. – *I played with the children last night.*
Arhosais i yn y tŷ neithiwr. —————— *I stayed in the house last night.*

Holiadur

Enw	ddoe	neithiwr	dydd Sadwrn

Sgwrs

A: Beth wnaethoch chi ddoe?

B: Arhosais i yn y tŷ.

A: Beth wnaethoch chi yn y tŷ, 'te?

B: Golchais i'r car yn y bore, garddiais i yn y prynhawn ac wedyn darllenais i'r papur.

A: A beth wnaethoch chi gyda'r nos?

B: Edrychais i ar y teledu yn y lolfa.

A: Wnaethoch chi swper?

B: Naddo. Gyrrais i i'r siop i brynu têcawê!

Ynganu

trydan	gwyn	tywydd	ysbyty
pymtheg	plentyn	ynys	gwely
gyrru	menyn	mynydd	bwyty

Robin Radio

a) Alwen dych chi. *(You are Alwen.)* **Atebwch y cwestiynau:**

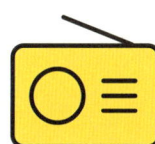

Beth wnaethoch chi ddoe? ....

Dych chi'n lico'r gwaith? ....

Beth dych chi eisiau wneud? ....

b) Gwrandewch am:

Wnes i ddim byd. ——————— *I didn't do anything.*
Es i i'r gwaith. ——————— *I went to work.*
Pam rwyt ti'n ffonio? ——————— *Why are you phoning?*

c) Cyfieithwch:

What did you do? ....

I stayed at home. ....

I'm not sure. ....

Help llaw

1. *In this unit, you have been introduced to some concise past tense verbs so that you can have a chat about your weekends and so on at the beginning of class. This work will be introduced fully in units 9-11, but for the time being, concentrate on the following rules.*

*You have to add the ending -**ais** to the stem of a verb to speak about yourself in the past. Here are some basic rules for finding the stem:*

drop the final vowel sound	golchi > golchais i
drop the final vowel sound where there is an **io** *at the end*	**ymlacio > ymlaciais i**
add the ending to the verb itself	edrych > edrychais i
Note that **aros** *is a little differrent*	aros > arhosais i

2. Gwneud *is an irregular verb. For the time being, learn the following forms:*

Gwnes i	*I did*	Wnes i?	*Did I?*
Gwnest ti	*You did*	Wnest ti?	*Did you?*
Gwnaethoch chi	*You did*	Wnaethoch chi?	*Did you?*

3. *The answer to questions in the past tense is always* **Do** *or* **Naddo***.*
Wnest ti swper ddoe?   Do/Naddo.

4. *You will hear two different ways of the concise past being expressed.*

Coginiais i.	Gwnes i goginio.
Gyrrais i.	Gwnes i yrru.
Darllenais i.	Gwnes i ddarllen.

pstgwneud1 pstgwneud1

Uned 6 (chwech) – Sut mae'r tywydd?

Nod: Siarad am y tywydd a phobl eraill/
Talking about the weather and other people
(Mae e, mae hi, maen nhw)

Geirfa

awyren(nau)	*plane(s)*	**gwraig (gwragedd)**	*wife (wives)*
barn	*opinion*	**neuadd(au)**	*hall(s)*
cân (caneuon)	*song(s)*		

bws (bysiau)	*bus(es)*	**llawr**	*floor*
cyfarfod(ydd)	*meeting(s)*	**teulu(oedd)**	*family (families)*
eira	*snow*	**traeth(au)**	*beach(es)*
glaw	*rain*	**trên (trenau)**	*train(s)*
gŵr (gwŷr)	*husband(s)*	**tywydd**	*weather*
hanner	*half*		

bwrw eira	*to snow*	**gallu**	*to be able to*
bwrw glaw	*to rain*	**gorfod**	*to have to*
cau	*to close*	**gorffen**	*to finish*
cwrdd (â)	*to meet*	**gwybod**	*to know*
dechrau	*to start*	**rhedeg**	*to run*
gadael	*to leave*	**torri i lawr**	*to break down*

braf	*fine*	**oer**	*cold*
cymylog	*cloudy*	**poeth**	*hot*
diflas	*boring, miserable*	**prysur**	*busy*
gwlyb	*wet*	**pwysig**	*important*
gwyntog	*windy*	**stormus**	*stormy*
hyfryd	*nice, pleasant*	**swnllyd**	*noisy*
mawr	*big*	**sych**	*dry*
		twym	*warm*

pam?	*why?*	**rhywle**	*somewhere*
pryd?	*when?*	**tua**	*about*

Cymraeg Dosbarth
Sut mae dweud ......?

Mae hi'n braf. —————————— It's fine.
Mae hi'n oer. —————————— It's cold.
Mae hi'n stormus. ———————— It's stormy.
Mae hi'n sych. ————————— It's dry.

Mae hi'n wyntog. ——————— It's windy.
Mae hi'n wlyb. ————————— It's wet.
Mae hi'n gymylog. ————— It's cloudy.
Mae hi'n dwym. ————————— It's hot.

Mae hi'n bwrw glaw. ————— It's raining.
Mae hi'n bwrw eira. ————— It's snowing.

Sut mae'r tywydd heddiw? ——— How is the weather today?

Dechrau

Diwedd

Ymarfer

A: Bore da. Mae hi'n <u>braf</u> heddiw. (gwyntog, twym, stormus, gwlyb)

B: Ydy, mae hi'n braf iawn. Dw i'n mynd i'r <u>parc.</u> (sinema, tafarn, llyfrgell, traeth)

A: Hyfryd, hwyl!

(*ydy= yes, it is. Dych chi'n mynd i ddysgu 'ydy' yn Uned 7.)

Mae hi'n nofio.	*She is swimming.*
Mae hi'n gyrru.	*She is driving.*
Mae e'n canu.	*He is singing.*
Mae e'n rhedeg.	*He is running.*
Mae hi'n gallu nofio.	*She can swim.*
Mae hi'n gallu gyrru.	*She can drive.*
Mae e'n gallu canu.	*He can sing.*
Mae e'n gallu rhedeg.	*He can run.*
Mae hi'n gallu nofio'n dda.	*She can swim well.*
Mae hi'n gallu gyrru'n dda.	*She can drive well.*
Mae e'n gallu canu'n dda.	*He can sing well.*
Mae e'n gallu rhedeg yn dda.	*He can run well.*

Dyma John / Dyma Tom

Dyma _____ Mae e'n dod o _____

Mae e'n hoffi _____ Mae e'n gallu _____ 'n dda.

Mae e'n mynd i _____ i _____ bob penwythnos.

Maen nhw'n siopa.	*They are shopping.*
Maen nhw'n bwyta.	*They are eating.*
Maen nhw'n gweithio.	*They are working.*
Maen nhw'n rhedeg.	*They are running.*
Maen nhw'n gorfod siopa yfory.	*They must shop tomorow.*
Maen nhw'n gorfod bwyta yfory.	*They must eat tomorow.*
Maen nhw'n gorfod gweithio yfory.	*They must work tomorow.*
Maen nhw'n gorfod rhedeg yfory.	*They must run tomorow.*

Barn

Wyt ti'n hoffi bocsio?

Ydw, mae e'n grêt.
Mae e'n iawn.
Nac ydw, mae e'n ofnadwy.

Wyt ti'n lico'r ffilm?

Ydw, mae hi'n fendigedig.
Mae hi'n iawn.
Nac ydw, mae hi'n ddiflas.

Wyt ti'n hoffi'r grŵp?

Ydw, maen nhw'n fendigedig.
Maen nhw'n iawn.
Nac ydw, maen nhw'n swnllyd.

	😀	😐	🙁
criced			
golff			
ffilm:			
ffilm:			
grŵp:			
grŵp:			

Sut mae'r dosbarth? ——————— *How is the class?*
Ble mae'r dosbarth? ——————— *Where is the class?*
Pryd mae'r dosbarth? ——————— *When is the class?*

Cysylltwch y cwestiwn â'r ateb cywir/
Match the question to the correct answer

Sut mae'r bòs?   Wyth o'r gloch.
Ble mae'r bòs?   Mae hi'n brysur.
Pryd mae'r bòs yn mynd adre?   Yn y swyddfa.

Sut mae'r gŵr?   Mae e yn y car.
Ble mae'r gŵr?   Nawr.
Pryd mae'r gŵr yn mynd adre?   Mae e'n hapus.

Sut mae'r plant?   Tri o'r gloch.
Ble mae'r plant?   Maen nhw'n iawn.
Pryd mae'r plant yn mynd adre?   Yn yr ysgol.

Ynganu

Deuseiniaid – 2 lafariad
Dipthongs – 2 vowels together

ai	Dai, Mair, gair, gwaith, Owain
ae	pennaeth, gwasanaeth
au	dau, cau, dechrau
aw	naw, mawr, llawr, awr, caws, cawl, glaw, pawb
ei	beic, peint, eira, gweithio
eu	neu, neuadd, dweud
ew	blew, llew, tew

Dau lew tew heb ddim blew.
Mae pawb yn y cae yn chwarae.
Dau gawr mawr ar y llawr.
Mae'r Neuadd Fawr wedi cau.
Mae Dai wedi mynd ar y beic i gael peint o seidr yn y Llew Aur.

Sgwrs 1

A: Noswaith dda, sut wyt ti heno?
B: Ofnadwy.
A: Mae hi'n wlyb heno.
B: Mae hi'n ofnadwy.
A: Sut mae'r teulu?
B: Ofnadwy.
A: Sut mae'r gwaith?
B: Ofnadwy.
A: Sut mae'r dosbarth Cymraeg yn mynd?
B: Bendigedig.

Sgwrs 2

Eryl: Pryd mae'r cyfarfod pwysig?

Ceri: Heno.

Eryl: Iawn. Ble mae e?

Ceri: Yn Neuadd y Dre.

Eryl: Pryd mae e'n dechrau?

Ceri: Chwech o'r gloch.

Eryl: Pryd mae e'n gorffen?

Ceri: Dw i ddim yn gwybod. Tua naw o'r gloch?

Eryl: Wyt ti'n mynd?

Ceri: Ydw, wrth gwrs. Ond dw i'n gadael am saith o'r gloch.

Eryl: Pam?

Ceri: Mae'r dosbarth Cymraeg yn cwrdd yn y clwb golff.

Eryl: Wel, wel, dw i'n dod i'r clwb golff hefyd, 'te!

Rhifau mwy na 10

Degau (tens) **ac unedau** (units)

Un deg + un	= 11	Chwe deg + chwech	= 66
Dau ddeg + dau	= 22	Saith deg + saith	= 77
Tri deg + tri	= 33	Wyth deg + wyth	= 88
Pedwar deg + pedwar	= 44	Naw deg + naw	= 99
Pum deg + pump	= 55	Cant	= 100

Robin Radio

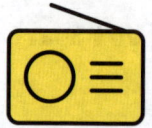

a) Atebwch:

Sut mae'r tywydd yn Aberafon? ....

Beth mae Ann eisiau wneud y prynhawn yma? ....

Beth mae Ann yn mynd i wneud y prynhawn yma? ....

b) Gwrandewch am:

drwy'r wythnos ———————————— throughout the week

ers chwech o'r gloch ———————————— since six o'clock

Does dim ots gyda fi. ———————————— I don't mind.

c) Cyfieithwch:

It is very wet. ....

What are you doing? ....

It is dry in the club. ....

Help llaw

1. *When we speak about the weather we use the feminine version of 'it is' –* **mae hi**. *However, many people don't say the word* **hi** *when speaking – just* **Mae'n...**

2. *In* Uned 6 *we meet another important example of the soft mutation – Adjectives mutate after* **yn**.

   da > yn dda　prysur > yn brysur

3. **Sut mae...** *– How is...* **Mae** *is used in questions starting with these words:*

Sut mae? ———	*How is?*
Ble mae? ———	*Where is?*
Pryd mae? ———	*When is?*
Pam mae? ———	*Why is?*

4. *The word for the is* **y**. *However, it is* **yr** *before a vowel and becomes* **'r** *when it follows a vowel.*

y neuadd	yr awyren	Sut mae'r tywydd?
y bws	yr eira	i'r ysgol

5. **Gorfod** *is really useful. Learn the following:*

Dw i'n gorfod mynd.	'Dyn ni'n gorfod mynd.
Rwyt ti'n gorfod mynd.	Dych chi'n gorfod mynd.
Mae e'n gorfod mynd.	Maen nhw'n gorfod mynd.
Mae hi'n gorfod mynd.	

weather　numbers2

Uned 7 (saith) – Ydy hi'n gweithio?

Nod: Gofyn ac ateb cwestiynau am bobl a phethau eraill /
Asking and answering questions about people and other things
(Ydy e? Ydy hi? Dyw e ddim, Dyw hi ddim)

Geirfa

awr (oriau)	*hour(s)*	**merch(ed)**	*girl(s), daughter(s)*
ceiniog(au)	*penny (pennies)*	**stryd(oedd)**	*street(s)*

ffasiwn	*fashion*	**postmon (postmyn)**	*postman (-men)*
ffermwr (ffermwyr)	*farmer(s)*	**rhew**	*ice*
mab (meibion)	*son(s)*	**tennis**	*tennis*
oed	*age (of person)*		
pen-blwydd (penblwyddi)	*birthday(s)*		

codi	*to get up, to lift*	**ffeindio**	*to find*

crac	*angry*	**hen**	*old*
cyfeillgar	*friendly*	**hwyr**	*late*
cynta	*first*	**nesa**	*next*
drud	*expensive*	**rhad**	*cheap*
enwog	*famous*	**trist**	*sad*
twp	*silly*		

faint?	*how much? how many?*
o'r gloch	*o'clock*

Geiriau pwysig i fi

....
✕   ✕
....
✕   ✕
....

Cymraeg Dosbarth –
Beth yw "rhad" yn Saesneg? *"Cheap."*
Beth yw "expensive" yn Gymraeg? *"Drud."*

Siôn dw i. —— *I am Siôn.*	**Siân dw i.** —— *I am Siân.*
Siôn yw e. —— *He is Siôn.*	**Siân yw hi.** —— *She is Siân.*
Tiwtor yw e. —— *He is a tutor.*	**Tiwtor yw hi.** —— *She is a tutor.*
Pwy yw e? —— *Who is he?*	**Pwy yw hi?** —— *Who is she?*
Beth yw e? —— *What is he?*	**Beth yw hi?** —— *What is she?*
Siôn yw e? —— *Is he Siôn?*	**Siân yw hi?** —— *Is she Siân?*

Ie. ✔   **Nage.** ✗

Ydy hi'n canu? ——	*Is she singing?/Does she sing?*
Ydy hi'n actio? ——	*Is she acting?/Does she act?*
Ydy e'n chwarae golff? ——	*Is he playing golf?/Does he play golf?*
Ydy e'n gweithio? ——	*Is he working?/Does he work?*

Ydy. ✔   **Nac ydy.** ✗

Ydyn nhw'n brysur? ——	*Are they busy?*
Ydyn nhw'n ddiflas? ——	*Are they miserable?*
Ydyn nhw'n gwybod? ——	*Do they know?*
Ydyn nhw'n gadael? ——	*Are they leaving?*

Ydyn. ✔   **Nac ydyn.** ✗

Ydyn nhw'n...?

	darllen y *Times?*
	gyrru Porsche?
	prynu tŷ newydd?
	lico coffi du?
	mynd i sioe ffasiwn?
	dysgu Cymraeg?
	mynd i Disneyland?
	mynd i glwb nos?

Dyw'r gwin ddim yn dda.	The wine isn't good.
Dyw'r bwyd ddim yn ddrud.	The food isn't expensive.
Dyw'r staff ddim yn gyfeillgar.	The staff aren't friendly.
Dyw'r prisiau ddim yn rhad.	The prices aren't cheap.
Dyw e ddim yn hapus.	He is not happy.
Dyw hi ddim yn hapus.	She is not happy.
'Dyn nhw ddim yn hapus.	They are not happy.
'Dyn nhw ddim yn grac.	They are not angry.

Ysgrifennwch un o'r brawddegau o dan bob llun./
Write one of the sentences under every picture.

....

....

....

....

1. Dyw hi ddim eisiau codi.

2. Dyw hi ddim eisiau clywed.

3. 'Dyn nhw ddim eisiau bod yn y car.

4. Dyw hi ddim eisiau bod yn y swyddfa.

5. Dyw e ddim eisiau bod yn hwyr.

6. 'Dyn nhw ddim eisiau bod yn y cyfarfod.

Faint yw e? ——————————	How much is it?
Faint ydyn nhw? ————————	How much are they?
Un bunt. ——————————	One pound.
Dwy bunt. ——————————	Two pounds.
Tair punt. ——————————	Three pounds.
Pedair punt.——————————	Four pounds.

Ynganu

Deuseiniaid eto – 2 lafariad *(Dipthongs – 2 vowels together)*

oi	troi, rhoi, cloi
oe	oer, ddoe, oed, poeth
ow	Owen, Lowri, brown, clown
iw	lliw, rhiw, siwt
yw	byw, llyw

Sgwrs 1

Ceri: Wyt ti'n dod i'r theatr heno?

Eryl: Dw i ddim yn siŵr. Dw i wedi blino.

Ceri: Ond mae pawb o'r dosbarth yn mynd.

Eryl: Dw i ddim yn hoffi pantomeim a dweud y gwir.

Ceri: Mae e'n grêt!

Eryl: Nac ydy, dyw e ddim! Mae e'n dwp.

Ceri: Dyw e ddim yn dwp!

Eryl: O ydy, mae e…!

Ceri: Dyw e ddim!

Eryl: Ac mae e'n ddrud iawn.

Ceri: Dyw e ddim! Mae e'n rhad!

Eryl: Wel, a dweud y gwir, dw i eisiau aros gartre i wneud y gwaith cartref Cymraeg.

Ceri: Ond mae'r pantomeim yn Gymraeg!

Eryl: O'r gorau 'te.

Sgwrs 2

A: Wyt ti'n mynd i'r cyfarfod prynhawn 'ma?

B: Nac ydw, dw i'n brysur. Ond mae Siôn yn gallu mynd.

A: Iawn, dim problem. Wyt ti'n gallu mynd i'r cyfarfod mawr dydd Mercher?

B: Pryd mae e?

A: Deg o'r gloch.

B: Nac ydw, dw i'n brysur iawn bore dydd Mercher. Ond mae Siôn yn gallu mynd, dw i'n siŵr.

A: Mae Siôn yn gallu mynd i'r cyfarfod busnes gyda'r cleient newydd yn Barcelona dydd Gwener hefyd, 'te.

B: O nac ydy, mae Siôn yn ofnadwy o brysur dydd Gwener, ond dw i'n gallu mynd i Barcelona, dim problem.

Yr Amser

Un	Dau
Tri	Pedwar
Pump	Chwech
Saith	Wyth
Naw	Deg
Un ar ddeg	Deuddeg

... o'r gloch.

Hanner dydd – *Midday*

Hanner nos – *Midnight*

Robin Radio

a) Atebwch:

Beth maen nhw'n wneud dydd Sadwrn?:

plant Mari .... Mari ....

Robin ....

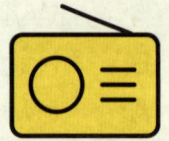

b) Gwrandewch am:

Mae mab gyda fi. ——— *I have a son.*

dim o gwbl ————— *not at all*

Pen-blwydd hapus! —— *Happy birthday!*

c) Cyfieithwch:

I'm not going swimming. ....

The children are learning to swim. ....

....

Can you play tennis well? ....

present3   time

Help llaw

1. *We have now learnt the verb* **bod** *in the present tense:*

Dw i	Dw i?	Dw i ddim
Rwyt ti	Wyt ti?	Dwyt ti ddim
Mae e/hi	Ydy e/hi?	Dyw e/hi ddim
'Dyn ni	'Dyn ni?	'Dyn ni ddim
Dych chi	Dych chi?	Dych chi ddim
Maen nhw	Ydyn nhw?	'Dyn nhw ddim

2. *Also, take a look at the answers but concentrate on the ones in the bold font:*

Dw i'n mynd?	Wyt/Ydych
Wyt ti'n mynd?	**Ydw**
Ydy e/hi'n mynd?	**Ydy**
'Dyn ni'n mynd?	Ydyn/Ydych
Dych chi'n mynd?	**Ydw/Ydyn**
Ydyn nhw'n mynd?	**Ydyn**

3. *When we introduce ourselves or say who someone else is in Welsh, we need to use emphasis and place the name at the beginning of the sentence. When this happens in a question, the answer is* **Ie** *or* **Nage**.

Siôn dw i.	Siôn wyt ti?	Ie / Nage.
Siôn yw e.	Siôn yw e?	Ie / Nage.
Siân yw hi.	Siân yw hi?	Ie / Nage.

You will frequently hear people say just **Na**, *rather than* **Nage**.

4. *Notice the difference in the way we form a question:*

Ble **mae** e/hi?	Pwy **yw** e/hi?
Pryd **mae** e/hi?	Beth **yw** e/hi?
Sut **mae** e/hi?	Faint **yw** e/hi?

5. *Note that* **dau** *and* **tri** *have feminine versions to be used before feminine nouns.*

dau fab	dwy bunt
tri mab	tair punt

Uned 8 (wyth) – Adolygu ac Ymestyn
(Revision and Extension)

Nod: Adolygu ac ymarfer ymadroddion ffôn
Revision and useful phrases for speaking on the telephone

Geirfa

actores(au)	*actor(s)*	**munud(au)**	*minute(s)*
athrawes(au)	*teacher(s)*	**nyrs(ys)**	*nurse(s)*
ffatri (ffatrïoedd)	*factory (factories)*	**pobl**	*people*
fflat(iau)	*flat(s)*	**rheolwraig**	*manager*
gorsaf(oedd)	*station(s)*		

actor(ion)	*actor(s)*	**maes parcio**	*car park*
athro (athrawon)	*teacher(s)*	**meddyg(on)**	*doctor(s)*
bachgen (bechgyn)	*boy(s)*	**pennaeth**	*head (person)*
camera (camerâu)	*camera(s)*	**plismon (plismyn)**	*policeman (policemen)*
cogydd(ion)	*chef(s), cook(s)*	**prifathro**	*headmaster*
cyngerdd (cyngherddau)	*concert(s)*	**rheolwr (rheolwyr)**	*manager(s)*
derbynnydd	*receptionist*	**rhywun**	*someone*
gwesty (gwestai)	*hotel(s)*	**tocyn(nau)**	*ticket(s)*

adolygu	*to revise, to review*	**gofyn**	*to ask*
cadw	*to keep, to reserve*	**talu**	*to pay*
ffonio	*to phone*		

allan/ma's	*out*	**drwodd**	*through*
ar gael	*available*	**mewn**	*in a*
Caerdydd	*Cardiff*		

Cymraeg Dosbarth
– Gaf i ofyn cwestiwn?

Geiriau pwysig i fi

✗ ....

✗ ....

Gêm o gardiau

	♠	♦	♣	♥
A	O ble rwyt ti'n dod?	Wyt ti'n gyrru car?	Ble rwyt ti'n gweithio?	Beth dych chi'n gorfod ei wneud heddiw?
2	Ble rwyt ti'n lico prynu bwyd?	Beth wyt ti'n lico ei yfed mewn parti?	Beth wyt ti'n ei fwyta i frecwast?	Beth wyt ti'n hoffi ei chwarae?
3	Beth dych chi'n ei wneud y penwythnos nesa?	Wyt ti'n gweithio?	Wyt ti'n darllen papur newydd?	Dych chi'n bwyta cacennau?
4	Beth dych chi'n ei lico ar y teledu?	Ble dych chi'n mynd dydd Sadwrn?	Beth wnaethoch chi neithiwr?	Ble rwyt ti'n hoffi mynd ar wyliau?
5	Dych chi'n brysur yfory?	Beth wnaethoch chi ddoe?	Beth wyt ti'n hoffi ei yfed amser brecwast?	Ble rwyt ti'n byw?
6	Ble mae'r plant?	Beth wnaethoch chi dydd Sadwrn?	Sut mae'r tywydd?	Beth wyt ti'n lico ei ddarllen?
7	Beth wyt ti eisiau ei wneud dydd Sul?	Pwy dych chi?	Wyt ti'n lico chwarae bingo?	Ydy hi'n braf heddiw?
8	Wyt ti'n hoffi nofio?	Ble mae'r dosbarth?	Wyt ti'n gallu nofio'n dda?	Wyt ti wedi blino?
9	Sut wyt ti'n dod i'r dosbarth?	Wnaethoch chi waith cartref ddoe?	Beth wyt ti'n lico ei fwyta?	Ydy hi'n bwrw glaw?
10	Beth wyt ti'n ei wneud yfory?	Ble dych chi'n hoffi mynd i weld cyngerdd?	Beth dwyt ti ddim yn lico ei yfed?	Beth wnaethoch chi nos Wener?
Jac	Dych chi'n hoffi mynd i gaffis?	Wyt ti'n hoffi rygbi?	Ble rwyt ti'n mynd yfory?	Wyt ti'n gallu canu'n dda?
Brenhines	Ble rwyt ti'n dysgu Cymraeg?	Ble dych chi'n mynd i'r sinema?	Sut wyt ti?	Dych chi'n hoffi mynd am dro?
Brenin	Ydy hi'n bwrw eira?	Wyt ti'n lico coffi?	Beth dych chi'n gorfod ei wneud yfory?	Beth wyt ti eisiau amser paned?

1. Ffonio'r banc

A: Bore da, <u>banc Llanaber</u>.
B: Gaf i siarad â <u>Mr Jones</u> os gwelwch chi'n dda?
A: Cewch wrth gwrs. …. Dych chi drwodd nawr. Dyma chi.

A: Bore da, <u>Banc Abercastell</u>.
B: Gaf i siarad â <u>Ms Morgan</u>, os gwelwch chi'n dda?
A: Un funud. Mae'n ddrwg gyda fi, dyw hi ddim yma heddiw.
B: Dim problem.
A: Dych chi eisiau ffonio'n ôl yfory?
B: Wrth gwrs, diolch yn fawr.

Gaf i helpu?	*May I help?*
Gaf i dalu?	*May I pay?*
Gaf i ofyn?	*May I ask?*
Gaf i adael?	*May I leave?*

Cewch. *Yes, you may.*   ✔
Cei. *Yes, you may.*

Na chewch. *No, you may not.*   ✗
Na chei. *No, you may not.*

2. Ffonio'r ysgol

A: Prynhawn da, Ysgol y Bryn.
B: Gaf i siarad â'r pennaeth, os gwelwch chi'n dda?
A: Mae'n ddrwg gyda fi, dyw e ddim ar gael. Mae e mewn cyfarfod yng Nghaerdydd y bore 'ma.
B: Ydy e'n gallu ffonio'n ôl?
A: Ydy, wrth gwrs. Mae e'n ôl yn yr ysgol yfory.
B: Ydy e'n gallu ffonio yn y bore? Dw i'n mynd ma's yn y prynhawn.
A: Beth yw'ch enw chi?
B: Pat Jones
A: Beth yw'r rhif ffôn?
B: 07841 632591
A: 07841 632591. Iawn?
B: Iawn.
A: Dim problem. Hwyl.
B: Diolch. Hwyl!

Dw i'n gweithio yn y coleg.	*I work in the college.*
Dw i'n gweithio yn y banc.	*I work in the bank.*
Dw i'n gweithio yn yr ysbyty.	*I work in the hospital.*
Dw i'n gweithio yn yr ysgol.	*I work in the school.*
Dw i'n gweithio mewn siop.	*I work in a shop.*
Dw i'n gweithio mewn caffi.	*I work in a cafe.*
Dw i'n gweithio mewn swyddfa.	*I work in an office.*
Dw i'n gweithio mewn ffatri.	*I work in a factory.*

Ble dych chi'n gweithio?

derbynnydd

plismon

athrawes

nyrs

cogydd

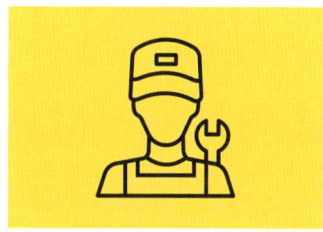
mecanic

Dilynwch y patrwm:

Nyrs dw i, dw i'n gweithio mewn ....

Gyda phartner: Ysgrifennwch **mewn** neu **yn** yn y bylchau.

Bob dw i. Dw i'n byw .... fflat a dw i'n gweithio .... swyddfa
brysur .... yr ysbyty .... Llanaber. Dw i'n mynd i'r
gwaith .... y car bob dydd a dw i'n gallu parcio .... maes
parcio bach i'r staff. Dw i'n lico'r gwaith yn fawr iawn.

Nawr, ysgrifennwch baragraff fel un o'r bobl yn y lluniau.

3. **Ffonio'r theatr**

Derbynnydd: Noswaith dda. Theatr <u>yr Aber</u>.
Sam: Gaf i docynnau i'r <u>ddrama</u> nos yfory? (cyngerdd)
Derbynnydd: Cewch, wrth gwrs.
Sam: Faint ydyn nhw?
Derbynnydd: <u>Deg</u> punt yr un. (£5)
Sam: Gaf i <u>bedwar</u> tocyn os gwelwch chi'n dda? (7)
Derbynnydd: Cewch, wrth gwrs.
Sam: Gaf i dalu nos yfory?
Derbynnydd: Dw i'n gallu cadw tocynnau i chi. Mae'r <u>ddrama</u> yn dechrau am <u>saith</u> o'r gloch. Beth yw'ch enw chi? (8)
Sam: <u>Sam Jones</u>.

Robin Radio –
Mae Robin, Llinos ac Anti Mair yn siarad yn y swyddfa

a) Atebwch:

Faint o'r gloch yw hi? ....

Ble mae'r parti? ....

Faint o'r gloch mae Robin yn gweithio yfory? ....

b) Gwrandewch am: ....

Dw i yma ers wyth o'r gloch. —— *I've been here since eight o'clock.*
Dw i'n mynd i alw mewn. —————— *I'm going to call in.*
Dw i'n mynd i gael tacsi. ———— *I'm going to get a taxi.*

c) Cyfieithwch:

Can I have a black coffee? ....

I don't drink coffee. ....

Can I have a lift? ....

may i?   work1

Adolygu Atebion – *Yes and No Revision*

Wyt **ti**'n dysgu Cymraeg?	Yd**w**/Nac yd**w**.	Uned 2
Dych **chi**'n dysgu yn y Barri?	Yd**yn**/Nac yd**yn**.	Uned 2
Ydy'r bws yn mynd i Wrecsam?	Yd**y**/Nac yd**y**.	Uned 7
Ydy'r plant yn yr ysgol? (Yd**yn** nhw?)	Yd**yn**/Nac yd**yn**.	Uned 7
Wnaethoch chi swper?	**Do/Naddo.**	Uned 5
Actor wyt ti? *(noun/adj 1st)*	**Ie/Nage.**	Uned 7
Y Beatles ydyn nhw?	**Ie/Nage.**	Uned 7
Gaf i ofyn cwestiwn?	**Cei/Na chei.**	Uned 8
Gaf i fynd?	**Cewch/Na chewch.**	Uned 8

Help llaw

Help llaw

1. **Gaf i** …? *May I …? is useful to ask for things and for permission. It comes from the verb* **cael** *– to have. You can use it before verbs and nouns:*

    Gaf i helpu? – *May I help?*   **Gaf i docynnau?** – *May I have tickets?*

    The answers **Cei/Na chei** *(informal)* **Cewch/Na chewch** *(formal/plural) will be explained later but for now accept it as an important/useful phrase.*

2. **Mewn** *and* **yn** *can both mean 'in' but are used in separate ways.*
    Mewn *– in a (before an indefinite noun)*
    Yn *– in (before the definite article + with proper nouns such as place names)*

3. *Yn y sgwrs* **'Ffonio'r ysgol'**, *you come accross* **yng Nghaerdydd**. *This is an example of the nasal mutation which happens following* **yn** *meaning 'in'. It will be fully introduced in* Uned 14 *but try to recognise the mutations. Look at the following examples:*

    Caerdydd – **yng Ngh**aerdydd   Cymru – **yng Ngh**ymru
    Caernarfon – **yng Ngh**aernarfon   Caerffili – **yng Ngh**aerffili

Dych chi nawr yn gallu darllen *Am Ddiwrnod.* Dych chi'n gallu prynu'r llyfr yn eich siop Gymraeg leol chi neu ar www.gwales.com.

Dyma'r clawr *(cover)* ac un paragraff:

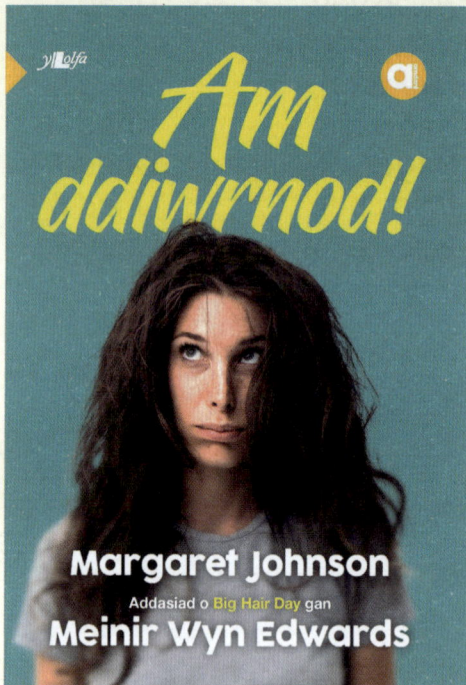

Dw i yng Nghaerdydd! Hwyl fawr, Abertawe a hwyl fawr, Caffi Jac, am wythnos! Dw i'n hapus iawn, iawn. Dw i eisiau **chwerthin** a dw eisiau **gweiddi** a dawnsio.

chwerthin – *to laugh*   **gweiddi** – *to shout*

Uned 9 (naw) – Prynon ni fara

Nod: Dweud beth wnaethoch chi a phobl eraill yn y gorffennol/
Saying what you and others did in the past
(Gwnaeth e/hi, gwnaethon ni/nhw, prynaist ti, prynodd e/hi,
prynon ni, prynoch chi, prynon nhw)

Geirfa

Abertawe	Swansea	**garej(is)**	garage(s)
cegin(au)	kitchen(s)	**Lerpwl**	Liverpool
cerddoriaeth	music	**Saesneg**	English

bwrdd (byrddau)	table(s)	**gair (geiriau)**	word(s)
cwrw	beer	**help**	help
drws (drysau)	door(s)	**llawer**	a lot
ebost (ebyst)	email(s)	**tipyn**	a little

agor	to open	**llenwi**	to fill
ateb	to answer	**mynd â**	to take
bowlio	to bowl	**mwynhau (joio)**	to enjoy
cadw'n heini	to keep fit	**peintio**	to paint
cyrraedd	to arrive	**seiclo**	to cycle
gwrando ar	to listen to		

dan	under	**eitha da**	quite good
echdoe	the day before yesterday	**trueni!**	what a pity!
felly	therefore, so	**yna**	there; then

Cymraeg Dosbarth –
Esgusodwch fi.

Geiriau pwysig i fi

✕ ....   ✕ ....

✕ ....   ✕ ....

Dych chi'n cofio?

Beth wnest ti ddoe? ———— Gwnes i swper.
Beth wnaethoch chi ddoe? ———— Gwnes i <u>goffi</u>.

Gwnaeth e goffi. ———— *He made coffee.*
Gwnaeth e de. ———— *He made tea.*
Gwnaeth hi fwyd. ———— *She made food.*
Gwnaeth hi ginio. ———— *She made dinner.*

Beth wnaeth e? ———— *What did he do?*
Beth wnaeth hi? ———— *What did she do?*
Beth wnaeth y plant? ———— *What did the children do?*
Beth wnaethon nhw? ———— *What did they do?*

Gwnaethon ni'r gwaith cartre. ———— *We did the homework.*
Gwnaethon ni'r bwyd. ———— *We did the food.*
Gwnaethon nhw'r gwaith cartre. ——— *They did the homework.*
Gwnaethon nhw'r bwyd. ———— *They did the food.*

Beth wnaeth pawb echdoe?

8.15am	gwneud y gwely
8.30am	gwneud y brecwast
9.00am	gwneud y glanhau
11.00am	gwneud y coffi
11.15am	gwneud y siopa
12.30pm	gwneud y cinio
1.30pm	gwneud y gwaith cartre
2.00pm	gwneud y gwaith papur
3.30pm	gwneud y te
4.00pm	gwneud y smwddio
7.00pm	gwneud y swper
8.00pm	gwneud y llestri

Dych chi'n cofio?

Bwytais i **bysgod** ddoe.
Gwyliais i **Pobol y Cwm** ddoe.
Chwaraeais i **rygbi** ddoe.

Yfais i goffi ddoe. ———————— *I drank coffee yesterday.*
Gwelais i ffrind. ———————— *I saw a friend.*
Cerddais i i'r dre. ———————— *I walked to town.*
Gwrandawais i ar Radio Cymru. ——— *I listened to Radio Cymru.*

Beth wnest ti bore ddoe?

Codais i. ———————————— *I got up.*
Gwisgais i. ———————————— *I dressed.*
Bwytais i frecwast.————————— *I ate breakfast.*
Golchais i'r llestri.————————— *I washed the dishes.*
Gadawais i'r tŷ. ———————— *I left the house.*

Beth wnest ti?

Enw	neithiwr	bore ddoe	dydd Sadwrn	nos Wener

Ddarllenaist ti lyfr ddoe? ————— *Did you read a book yesterday?*
Brynaist ti lyfr ddoe? ————— *Did you buy a book yesterday?*
Brynaist ti fara ddoe? ————— *Did you buy bread yesterday?*
Fwytaist ti fara ddoe? ————— *Did you eat bread yesterday?*

Do. ✔   Naddo. ✗

Dechrau	Fwytaist ti frecwast heddiw?	Weithiaist ti yn yr ardd ddoe?	Goginiaist ti ddoe?
Yfaist ti de ddoe?	Brynaist ti rywbeth ddoe?	Ffoniaist ti rywun ddoe?	Olchaist ti'r car yr wythnos diwetha?
Smwddiaist ti yr wythnos diwetha?	Wrandawaist ti ar y radio y bore 'ma?	Welaist ti ffrind ddoe?	Yrraist ti i'r dosbarth heddiw?
Wyliaist ti ffilm dydd Sadwrn?	Chwaraeaist ti gêm yr wythnos diwetha?	Wrandawaist ti ar gerddoriaeth ddoe?	Brynaist ti rywbeth ddoe?
Gerddaist ti i'r dosbarth heddiw?	Gyrhaeddaist ti'r dosbarth yn hwyr heddiw?	Arhosaist ti yn y tŷ neithiwr?	Ddysgaist ti'r eirfa yr wythnos diwetha?
Orffennaist ti'r gwaith cartre yr wythnos diwetha?	Dalaist ti fil yr wythnos diwetha?	Brynaist ti rywbeth ar-lein yr wythnos diwetha?	**Yn ôl i'r dechrau**

Llongau rhyfel

bwyta swper	darllen papur newydd	garddio	edrych ar S4C
coginio cyrri	ymlacio	smwddio	yfed coffi
prynu car newydd	gyrru i'r gwaith	cerdded i'r gwaith	gweld ffilm
siarad Cymraeg	bwyta brecwast	ffonio ffrind	anfon ebost
darllen nofel	edrych ar y teledu	golchi dillad	yfed dŵr

Yfodd Sam goffi yn y caffi. —————— *Sam drank coffee in the café.*

Yfodd e goffi yn y caffi. —————— *He drank coffee in the café.*

Yfodd hi goffi yn y caffi. —————— *She drank coffee in the café.*

Yfodd y plant goffi yn y caffi. —————— *The children drank coffee in the café.*

Beth wnaeth Mari neithiwr?

Gyrrodd hi i'r garej. ————— *She drove to the garage.*

Llenwodd hi'r tanc petrol. ————— *She filled the petrol tank.*

Talodd hi'r bil. ————— *She paid the bill.*

Gyrrodd hi adre. ————— *She drove home.*

Edrychon ni ar y teledu neithiwr. ——— *We watched television last night.*

Gwrandawon ni ar y radio neithiwr. —— *We listened to the radio last night.*

Arhoson ni yn y tŷ neithiwr. ————— *We stayed in the house last night.*

Darllenon ni lyfr neithiwr. ————— *We read a book last night.*

Edrychon nhw ar y teledu neithiwr. —— *They watched television last night.*

Gwrandawon nhw ar y radio neithiwr. — *They listened to the radio last night.*

Arhoson nhw yn y tŷ neithiwr. ————— *They stayed in the house last night.*

Darllenon nhw lyfr neithiwr. ————— *They read a book last night.*

Cysylltwch y cwestiwn â'r ateb:

Beth wnaeth y staff?	Prynon nhw betrol i'r car.
Beth wnaeth y teulu?	Bwyton nhw deisen pen-blwydd.
Beth wnaeth y ffrindiau?	Siaradon nhw yn y swyddfa.
Beth wnaeth y bobl drws nesa?	Gwrandawon nhw ar gerddoriaeth.
Beth wnaeth yr heddlu?	Chwaraeon nhw yn y parc.
Beth wnaeth John a Jane?	Agoron nhw'r drws i ni.

Edrychoch chi ar y teledu neithiwr? — *Did you watch television last night?*
Wrandawoch chi ar y radio neithiwr? – *Did you listen to the radio last night?*
Arhosoch chi yn y tŷ neithiwr? —— *Did you stay in the house last night?*
Ddarllenoch chi lyfr neithiwr? —— *Did you read a book last night?*

Do. ✔   **Naddo.** ✗

Edrychais i ddim ar y teledu neithiwr. – *I didn't watch television last night.*
Wrandawais i ddim ar y radio neithiwr. *I didn't listen to the radio last night.*
Arhosais i ddim yn y tŷ neithiwr. —— *I didn't stay in the house last night.*
Ddarllenais i ddim llyfr neithiwr. —— *I didn't read a book last night.*

	✔	✗
1 – i	golchi'r car	garddio
2 – ti	darllen y papur	smwddio
3 – hi	garddio	gyrru i'r gwaith
4 – ni	smwddio	ffonio ffrind
5 – chi	cerdded i'r gwaith	golchi dillad
6 – nhw	chwarae pêl-droed	chwarae rygbi

Ynganu – wy

Dwedwch:

wy	dwy	llwy	mwy
wyth	hwyr	cwyn	nwy

Beth yw *food / egg / grey / who / late / birthday* yn Gymraeg?

....

Beth yw *windy / green / white / weather* yn Gymraeg?

....

Sgwrs 1

Mam: Rwyt ti'n edrych yn ofnadwy y bore 'ma. Beth wnest ti neithiwr?

Sam: Es i ma's gyda ffrindiau.

Mam: I ble?

Sam: I glwb newydd yn y dre. Gadawon ni'r clwb am bedwar o'r gloch!

Mam: Dyna pam rwyt ti'n edrych yn ofnadwy 'te!

Sam: Ac yna prynon ni gyrri.

Mam: Ond dwyt ti ddim yn lico cyrri!

Sam: Dw i'n gwybod. Cyrhaeddais i adre am bump o'r gloch. Byth eto!

Sgwrs 2

A: Sut mae'r cwrs Cymraeg yn mynd?
B: Grêt, diolch.
A: Wyt ti'n siarad Cymraeg ma's o'r dosbarth?
B: Dw i'n trio gwneud tipyn bach yn Gymraeg bob dydd.
A: Sut mae'n mynd?
B: Iawn. Siaradais i Gymraeg ar y bws dydd Llun, ond siaradodd y gyrrwr â fi yn Saesneg.
A: Ond ddeallodd e'r cwestiwn?
B: Do.
A: Dechrau da!
B: Nos Fawrth, siaradais i Gymraeg yn y dafarn. Atebodd y barman yn Gymraeg – hwrê – ond gwnes i gael peint o ddŵr, dim cwrw.
A: Trueni, ond mae dŵr yn dda i ti.
B: Dydd Mercher, gwrandawais i ar Radio Cymru.
A: Da iawn. Mae gwrando ar y radio'n help mawr.
B: Bore 'ma, siaradais i Gymraeg â'r ci. Deallodd e bob gair.

Robin Radio

a) Atebwch:
Sut aeth Alwyn o Lanelli i Gydweli?

....

Sut aeth e o Gydweli i Lanelli? ....

Wnaeth e gael tywydd braf? ....

b) Gwrandewch am:
Diolch byth! ——————— *Thank goodness!*
Mae'n gas gyda fi... —— *I hate...*
Hwyl ar y cerdded. —— *Good luck with the walking.*

c) Cyfieithwch:
What did you do? ....

We parked in Llanelli. ....

He is a doctor. ....

Help llaw

1. **Gwneud** *(to do or to make) is widely used. Learn it thoroughly:*

Gwnes i	Wnes i?	Wnes i ddim
Gwnest ti	Wnest ti?	Wnest ti ddim
Gwnaeth e/hi	Wnaeth e/hi?	Wnaeth e/hi ddim
Gwnaethon ni	Wnaethon ni?	Wnaethon ni ddim
Gwnaethoch chi	Wnaethoch chi?	Wnaethoch chi ddim
Gwnaethon nhw	Wnaethon nhw?	Wnaethon nhw ddim

2. *As we saw in* Uned 5, *we can use* **gwneud** *to form past tense sentences, by using the past tense of* **gwneud** *+ the verbnoun, e.g.*

Gwnes i brynu   Gwnes i ddarllen   Gwnes i helpu

However, in south Wales, changing the verbnouns themselves to create the past tense is also widely used. Each verb has a bôn *(stem) you need to learn. Here are some rules:*

When a verb ends in a single vowel, you will lose that vowel to find the bôn:

Prynu	Prynais i	Golchi	Golchais i
Canu	Canais i	Bwyta	Bwytais i

When a verb ends in **io***, we once again lose the final vowel:*

Gweithio	Gweithiais i	Smwddio	Smwddiais i
Nofio	Nofiais i	Gwylio	Gwyliais i

We always lose a final **ed** *or* **eg** *('eds will roll and 'egs will smash!!)*

Cerdded	Cerddais i	Yfed	Yfais i
Clywed	Clywais i	Rhedeg	Rhedais i

With some verbs, we add the ending to the end of the verb, without changing it at all (many of these end in a consonant):

Darllen	Darllenais i	Edrych	Edrychais i
Deall	Deallais i	Chwarae	Chwaraeais i

There are also some irregular forms. Learn the following for now:

Gadael	Gadawais i
Gwrando	Gwrandawais i
Aros	Arhosais i
Cyrraedd	Cyrhaeddais i

3. *Learn the endings:*

Pryn**ais** i	Pryn**on** ni
Pryn**aist** ti	Pryn**och** chi
Pryn**odd** e/hi	Pryn**on** nhw

4. *A noun following immediately after the short forms will take a* treiglad meddal:

bara	Prynais i **f**ara

5. *There is a* treiglad meddal *in direct questions:*

Brynaist ti fara?

6. *Notice that there is a* treiglad meddal *in the negative forms introduced in the unit:*

Darllenais i	**Dd**arllenais i ddim

However, this is not true for t, c, p. This will be introduced in Uned 11.

7. Do *and* Naddo *are the answers in all instances:*

Brynaist ti fara?	Do/Naddo.
Brynoch chi fara?	Do/Naddo.
Brynodd e fara?	Do/Naddo.

pastod2   pastshort

Uned 10 (deg) – Es i i'r dre

Nod: Dweud ble aethoch chi a phobl eraill /
Saying where you and others went
(es i, est ti, aeth e/hi, aethon ni, aethoch chi, aethon nhw, es i ddim)

Geirfa

coeden (coed)	tree(s)	**Sbaen**	Spain
deilen (dail)	leaf (leaves)	**siec(iau)**	cheque(s)
Llundain	London	**ysgol(ion)**	school(s)
miliwn (miliynau)	million(s)		

beic(iau)	bike(s)	**haf**	summer
capel(i)	chapel(s)	**hydref**	autumn
Dydd Calan	New Year's Day	**mis(oedd)**	month(s)
Dydd Gŵyl Dewi	St. David's Day	**môr (moroedd)**	sea(s)
gaeaf	winter	**pwll (pyllau)**	pool(s)
gwanwyn	spring	**tymor (tymhorau)**	season(s), term(s)

ennill	to win	**casglu**	to collect
gwario	to spend (money)		

cynnar	early	**syth**	straight
mwy	more		

am	about	**i ffwrdd**	away
dal	still		

Geiriau pwysig i fi

× ....

× ....

× ....

× ....

Es i i'r gwaith ddoe. ——————— *I went to work yesterday.*

Es i i'r sinema ddoe. ——————— *I went to the cinema yesterday.*

Es i i'r gêm neithiwr. ——————— *I went to the game last night.*

Es i i'r dosbarth neithiwr. ——————— *I went to class last night.*

Ble est ti ddoe? ——————— *Where did you go yesterday?*

Ble est ti neithiwr? ——————— *Where did you go last night?*

	nos Lun	nos Fawrth	nos Fercher	nos Iau	nos Wener	nos Sadwrn	nos Sul
fi							
enw							
enw							

Est ti i siopa ddoe? —————— *Did you go shopping yesterday?*
Est ti i nofio ddoe? —————— *Did you go swimming yesterday?*
Aethoch chi i nofio ddoe? ——— *Did you go swimming yesterday?*
Aethoch chi i weld ffilm ddoe? —— *Did you go to see a film yesterday?*

Do. ✔   **Naddo.** ✗

Yr wythnos diwetha	✗ neu ✔	✗ neu ✔
y dosbarth Cymraeg		
yr eglwys		
y llyfrgell		
yr ysbyty		
yr ysgol		
y banc		
y parc		
y clwb rygbi		

Aeth Ceri i'r dre.	*Ceri went to town.*
Aeth Eryl i'r siop.	*Eryl went to the shop*
Aeth e i'r dosbarth.	*He went to the class.*
Aeth hi i'r gêm.	*She went to the game.*
Aeth Ceri i'r capel?	*Did Ceri go to chapel?*
Aeth Eryl i'r eglwys?	*Did Eryl go to church?*
Aeth e i'r mosg?	*Did he to to the mosque?*
Aeth hi i'r neuadd?	*Did she go to the hall?*

Do. ✔   **Naddo.** ✗

Enw	Ble?
	i'r sinema
	i'r siop
	i'r gêm bêl-droed
	i'r dosbarth Cymraeg
	i'r cyfarfod
	i'r gwaith
	i'r swyddfa
	i'r dre
	i'r dafarn
	i'r ysbyty
	i'r parti
	i'r gêm rygbi
	i'r ganolfan hamdden
	i'r clwb nos
	i'r pwll nofio

Aethon ni i siopa ddoe. ——— *We went shopping yesterday.*
Aethon ni i gerdded ddoe. ——— *We went walking yesterday.*
Aethon ni i brynu car ddoe. ——— *We went to buy a car yesterday.*
Aethon ni i weld ffilm neithiwr. ——— *We went to see a film last night.*

Ymarfer – Ble aethoch chi?

A: Ble aethoch chi neithiwr?
B: Aethon ni i <u>Abertawe</u> neithiwr.
A: Pam aethoch chi i <u>Abertawe</u>?
B: Aethon ni i weld gêm.

A: Ble aethoch chi ddoe?
B: Aethon ni i <u>Gaerdydd</u>.
A: Pam aethoch chi i <u>Gaerdydd</u>?
B: Aethon ni i siopa.

A: Ble aethoch chi dydd Sadwrn?
B: Aethon ni i <u>Borthcawl</u>.
A: Pam aethoch chi i <u>Borthcawl</u>?
B: Aethon ni i nofio yn y môr.

Es i ddim ma's ddoe. ——— *I didn't go out yesterday.*
Aethon nhw ddim ma's ddoe. ——— *They didn't go out yesterday.*
Aethon nhw ddim ma's neithiwr. ——— *They didn't go out last night.*
Aethon nhw ddim ma's o gwbl. ——— *They didn't go out at all.*

Y tymhorau

Pwy?	Ble?	Sut?	Pryd?
fi	Llundain	mewn tacsi	yn y gwanwyn
Siân	Awstria	ar y trên	yn yr haf
Dafydd	Paris	yn y car	yn yr hydref
y plant	Sbaen	mewn awyren	yn y gaeaf
y teulu	Awstralia	ar y bws	ddoe
y dosbarth	Yr Alban	ar y beic	neithiwr

Ynganu – o

eto	heno	gwrando	cinio	lico
nofio	seiclo	trio	gwylio	coginio
dawnsio	gweithio	smwddio	ymlacio	garddio

Sgwrs 1

Ceri: Pen-blwydd hapus, Eryl!

Eryl: Diolch.

Ceri: Ble est ti dros y penwythnos, 'te?

Eryl: Es i i'r tŷ bwyta newydd ym Mangor nos Sadwrn.

Ceri: Neis iawn! Gyda phwy est ti?

Eryl: Es i gyda Jo a Chris.

Ceri: Aethoch chi i rywle wedyn?

Eryl: Do, aethon ni i'r sinema. Ond aethon ni ddim i mewn...

Ceri: Pam?

Eryl: Mae Chris yn mynd i weld pob ffilm newydd yn syth! Felly aethon ni adre yn gynnar.

Ceri: Dyna drueni!

Sgwrs 2

A: Sut aeth y cyfarfod neithiwr?
B: Dw i ddim yn gwybod. Es i ddim.
A: Est ti ddim?
B: Naddo.
A: Aeth Ceri ddim chwaith.
B: Naddo? Beth am Siôn a Siân?
A: Na, aethon nhw ddim chwaith.
B: Wel, wel, ofnadwy.

A: Gwelais i rywbeth ar Facebook bore 'ma. Sam yw'r capten newydd.
B: Sam? O na!
A: Beth? Dwyt ti ddim yn hapus? Ond est ti ddim i'r cyfarfod neithiwr?
B: Naddo.
A: TYFF, felly.

Robin Radio

a) Atebwch:

Ble aeth y Teulu Tomos yn syth ar ôl ennill y Loteri?

....

Ble aethon nhw wedyn? ....

Ble maen nhw nawr? ....

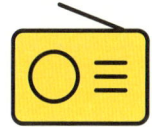

b) Gwrandewch am:

peidiwch â gwario —— *don't spend*
paid â phoeni ——— *don't worry*

c) Cyfieithwch:

Five million pounds ....

We went to London. ....

We are not coming home. ....

Help llaw

1. *Learn the past tense of* **mynd**:

Es i   Aethon ni
Est ti   Aethoch chi
Aeth e/hi/X   Aethon nhw

2. *All the concise past answers are* **DO** *(yes) and* **NADDO** *(no):*

Est ti i'r cyfarfod? Do.   Aethoch chi i'r cyfarfod? Naddo.
Aeth Dewi i'r cyfarfod? Do. Aethon nhw i'r cyfarfod? Naddo.

3. *To form the negative – add* DDIM:

Es i ddim i'r dosbarth.   Aeth e ddim ma's.
Aethon ni ddim i'r dre.   Aethoch chi ddim i'r siop.

4. **Ym Mangor**. *This is another example of the nasal mutation after* **yn**. *You have already seen* **yng Nghaerdydd**.

y**m M**angor   y**m M**eddgelert
y**m M**rechfa   y**m M**edwas

5. *Bôn (stem) newydd:*

Ennill   >   Enill ....   Enillais i

pastmynd2   **pastshort**

Uned 11 (un ar ddeg) – Ces i dost i frecwast

Nod: Dweud beth gawsoch chi a phobl eraill/
Saying what you and others had or received
(ces i, cest ti, cafodd Sam, cawson ni, cawsoch chi, cawson nhw)
(ges i, gest ti, gaeth Sam, gaethon ni, gaethoch chi, gaethon nhw)

Geirfa

banana(s)	banana(s)	**esgid(iau)**	shoe(s)
bargen (bargeinion)	bargain(s)	**moronen (moron)**	carrot(s)
bisged(i)	biscuit(s)	**taten (tatws)**	potato(es)
brechdan(au)	sandwich(es)	**torth(au)**	loaf/loaves

afal(au)	apple(s)	**lemon(au)**	lemon(s)
bara	bread	**llysiau**	vegetables
cawl	soup	**peiriant (peiriannau)**	machine(s)
chwaraeon	sports	**salad**	salad
ffrwyth(au)	fruit(s)	**sudd**	juice
ham	ham	**tomato(s)**	tomato(es)
haul	sun	**uwd**	porridge
jam	jam	**wy(au)**	egg(s)

angen	to need	**parcio**	to park
gwerthu	to sell		

anodd	difficult	**poeth**	hot

gormod	too much	**popeth**	everything
		trwy	through

Geiriau pwysig i fi

× ....   × ....

× ....   × ....

Cymraeg Dosbarth –
Sut mae sillafu...?

Ces i/Ges i uwd i frecwast. ———— *I had porridge for breakfast.*

Ces i/Ges i ffrwythau i frecwast. —— *I had fruit for breakfast.*

Ces i/Ges i wy i frecwast. ———— *I had an egg for breakfast.*

Ces i/Ges i dost i frecwast. ———— *I had toast for breakfast.*

Beth gest ti i frecwast? ———— *What did you have for breakfast?*

Beth gest ti i ginio? ———— *What did you have for lunch?*

Beth gest ti i de? ———— *What did you have for tea?*

Beth gest ti i swper? ———— *What did you have for supper?*

	Fi	Enw	Enw
brecwast			
cinio			
te			
swper			

Gawsoch chi/Gaethoch chi sglodion ddoe? – *Did you have chips yesterday?*

Gawsoch chi/Gaethoch chi frechdan ddoe? - *Did you have a sandwich yesterday?*

Gawsoch chi/Gaethoch chi uwd? ———— *Did you have porridge?*

Gawsoch chi/Gaethoch chi gawl? ———— *Did you have soup?*

Do. ☑   Naddo. ✗

Beth gafodd/gaeth Pat yn y caffi?	—	*What did Pat have in the café?*
Cafodd/Gaeth Pat de.	—	*Pat had tea.*
Cafodd/Gaeth Pat goffi.	—	*Pat had coffee.*
Cafodd/Gaeth e siocled poeth.	—	*He had hot chocolate.*
Cafodd/Gaeth hi sudd oren.	—	*She had orange juice.*

Beth gafodd pawb?

	Bwyd	Diod
A – Tom	caws	coffi du
2 – Mari	tost	te
3 – Helen	bara brown	*cappucino*
4 – Marc	brechdan salad	dŵr
5 – Mair	cyrri	lager
6 – Sara	brechdan domato	lemonêd
7 – Matt	pasta	gwin gwyn
8 – Gareth	banana	sudd oren
9 – Paul	brechdan jam	te gwyrdd
10 – Sam	brechdan ham	gwin coch
Jac – Jac	barbeciw	cwrw
Brenhines – Liz	cinio dydd Sul	siampên
Brenin – Harri	cawl	siocled poeth

Cawson ni/Gaethon ni ebost ddoe.	—	*We had an email yesterday.*
Cawson ni/Gaethon ni neges ddoe.	—	*We had a message yesterday.*
Cawson nhw/Gaethon nhw bost ddoe.	—	*They had post yesterday.*
Cawson nhw/Gaethon nhw lythyr ddoe.	—	*They had a letter yesterday.*

Ches i ddim post ddoe. ——————— *I didn't get any post yesterday.*

Ches i ddim ebost ddoe. ——————— *I didn't get an email yesterday.*

Ches i ddim tecst ddoe. ——————— *I didn't get a text yesterday.*

Ches i ddim llythyr ddoe. ——————— *I didn't get a letter yesterday.*

1. Yn y dosbarth

A: Ces i uwd i frecwast heddiw.

B: O! Ces i wy ar dost.

C: Ches i ddim brecwast o gwbl! Ces i goffi du. Dw i ddim yn hoffi bwyta yn y bore.

2. Yn y swyddfa

A: Ces i gawl llysiau i ginio heddiw.

B: O! Ces i frechdan gaws.

C: Ches i ddim cinio o gwbl! Ces i baned o de a bisged siocled. Dw i eisiau bwyd!

3. Yn y dafarn

A: Ces i gyrri a reis i swper neithiwr.

B: O? Ces i gyrri hefyd ond ches i ddim reis. Ond ces i fara nan.

C: Ces i bysgod a sglodion – dw i ddim yn hoffi cyrri o gwbl.

Mewn grŵp o dri, ysgrifennwch ddeialog:

A: ....

B: ....

C: ....
....

Ymarfer

1. **Es i i'r siop fara,** ces i dorth.
2. **Est ti i'r sinema,** cest ti bopcorn.
3. **Aeth e i'r siop lysiau,** cafodd e foron.
4. **Aethon ni i'r banc,** cawson ni arian.
5. **Aethoch chi i'r traeth,** cawsoch chi dywydd braf.
6. **Aethon nhw i'r siop ddillad,** cawson nhw fargen.

	mynd	cael
1 (fi)	i'r banc	
2 (ti)	i'r garej	
3 (fe/hi)	at y doctor	
4 (ni)	i'r swyddfa bost	
5 (chi)	i'r traeth	
6 (nhw)	i'r siop fara	

Ynganu – r

storm	stormus	araf	arall
car	cariad	cerdded	cario
gŵr	gwraig	dosbarth	person
gair	geiriau	sgwrs	siarad

Sgwrs 1

Ceri: Est ti i'r dre ddoe?

Eryl: Naddo, pam?

Ceri: Mae siop Lewis Huws yn cau.

Eryl: O, trueni! Dw i'n lico'r siop yna yn fawr. Maen nhw'n gwerthu popeth!

Ceri: Ond maen nhw'n symud i siop fawr yn y parc siopa y mis nesa.

Eryl: Wel, mae'n anodd parcio yn y dre….

Ceri: Ces i fargen – teledu newydd am hanner pris! Mae popeth yn hanner pris…

Eryl: Wel, wel!

Ceri: Ydy! Dillad, esgidiau, pethau i'r gegin… Dw i'n mynd i brynu peiriant golchi a siaced newydd yfory!

Eryl: Ydyn nhw eisiau staff newydd?

Ceri: Fallai. Pam?

Eryl: Ces i neges o'r banc bore ma. Prynais i ormod yn y sêls… Dw i angen ffeindio gwaith, dw i'n meddwl…

Sgwrs 2

A: Helô! Sut mae'r cadw'n heini'n mynd?

B: Wel, es i i'r gwaith ar y beic bob dydd yr wythnos diwetha ac es i ma's i redeg dydd Sadwrn a dydd Sul.

A: Beth gest ti i fwyta trwy'r wythnos?

B: Ces i uwd i frecwast a ches i gawl i ginio bob dydd.

A: Da iawn ti.

B: A bod yn onest, es i ma's i fwyta nos Wener a ches i ormod o sglodion. Es i i'r dafarn nos Sadwrn hefyd a ches i sglodion eto, a dweud y gwir.

A: O diar.

B: Ond ches i ddim byd ond salad a dŵr gyda lemon dydd Sul. A ti? Beth wnest ti i gadw'n heini yr wythnos diwetha?

A: Cerddais i o'r maes parcio i'r swyddfa bob dydd.

B: Pum deg metr?

A: O na, dau ddeg pump. A ches i ddim cacen amser cinio dydd Llun.

B: Chwarae teg i ti. Mae'r rhaglen cadw'n heini'n mynd yn dda, dw i'n gweld!

Robin Radio – Yn y swyddfa

a) Atebwch:

Beth wnaeth Robin dydd Sul? ....

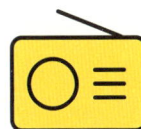

Ble mae e nawr? ....

Ble mae Llinos yn gweld y gêm? ....

b) Gwrandewch am:

Mae'n well gyda fi. —— *I prefer.*
Dw i'n cytuno. —— *I agree.*

c) Cyfieithwch:

I had a telephone message. ....

Where is the game? ....

Robin phoned. ....

Help llaw

1. *Learn the past tense of* **cael**. *There are two possible forms. Your tutor will concentrate on one but you need to be familiar with both:*

   Ces i / Ges i
   Cest ti / Gest ti
   Cafodd e/hi / Gaeth e/hi
   Cawson ni / Gaethon ni
   Cawsoch chi / Gaethoch chi
   Cawson nhw / Gaethon nhw

2. *You may have noticed the* **ch** *at the beginning of another pattern –* Na **ch**ewch. *This change indicates the negative.*

3. *The negative* **DDIM** *blocks the mutation:* Ches i ddim coffi.

pastcael2   pastshort

Uned 12 (deuddeg) – Mae car gyda fi

Nod: Dweud beth sy gyda chi a phobl eraill /
Saying what you and others have and own
(Mae .... gyda fi/ti/Sam/fe/hi/ni/chi/nhw)

Geirfa

canolfan(nau)	*a centre (centres)*	**mam(au)**	*mother(s)*
carafán (carafanau)	*caravan(s)*	**mam-gu**	*grandmother*
cath(od)	*cat(s)*	**sbectol**	*spectacles*
chwaer (chwiorydd)	*sister(s)*	**troed (traed)**	*foot (feet)*
het(iau)	*hat(s)*		

anifail (anifeiliaid)	*animal(s)*	**cyfrifiadur(on)**	*computer(s)*
anifail anwes	*pet*	**cymydog (cymdogion)**	*neighbour(s)*
apwyntiad(au)	*appointment(s)*	**geiriadur(on)**	*dictionary (dictionaries)*
arian	*money; silver*	**gwallt**	*hair*
babi(s)	*baby/babies*	**partner(iaid)**	*partner(s)*
brawd (brodyr)	*brother(s)*	**plentyn (plant)**	*child(ren)*
cariad(on)	*girlfriend(s), boyfriend(s)*	**syniad(au)**	*idea(s)*
ceffyl(au)	*horse(s)*	**tad(au)**	*father(s)*
ci (cŵn)	*dog(s)*	**tad-cu**	*grandfather*

cysgu	*to sleep*

Cymraeg Dosbarth –
Beth sy'n digwydd?
What's happening?

Geiriau pwysig i fi

× ....
× ....

× ....
× ....

Mae car gyda fi. ———————— *I have a car.*
Mae tŷ gyda fi. ———————— *I have a house.*
Mae teledu gyda fi. ———————— *I have a television.*
Mae dosbarth gyda fi. ———————— *I have a class.*

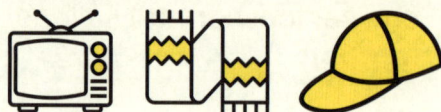

Oes car gyda ti? ———————— *Have you got a car?*
Oes teledu gyda ti? ———————— *Have you got a TV?*
Oes dosbarth gyda ti? ———————— *Have you got a class?*
Oes gwaith gyda ti? ———————— *Have you got work/a job?*

Oes. ✔ **Nac oes.** ✗

Enw	teledu	camera	ffôn	sbectol	cyfrifiadur	geiriadur

Does dim ci gyda fi. ——————	*I don't have a dog.*	
Does dim cath gyda fi. ——————	*I don't have a cat.*	
Does dim ceffyl gyda fi. ——————	*I don't have a horse.*	
Does dim parot gyda fi. ——————	*I don't have a parrot.*	

Mae plant gyda Bethan. ——————	*Bethan has children.*	
Mae partner gyda Bethan. ——————	*Bethan has a partner.*	
Mae brawd gyda Bethan. ——————	*Bethan has a brother.*	
Mae chwaer gyda Bethan. ——————	*Bethan has a sister.*	

1. chwaer	2. brawd	3. plant
4. ffrindiau	5. partner	6. cymdogion

Oes teulu gyda Tomos? ——————	*Has Tomos got a family?*	
Oes car gyda Tomos? ——————	*Has Tomos got a car?*	
Oes ci gyda Tomos? ——————	*Has Tomos got a dog?*	
Oes diod gyda Tomos? ——————	*Has Tomos got a drink?*	
Does dim teulu gyda Tomos. ——————	*Tomos hasn't got a family.*	
Does dim car gyda Carys. ——————	*Carys hasn't got a car.*	
Does dim ci gyda Gwen. ——————	*Gwen hasn't got a dog.*	
Does dim diod gyda Dewi. ——————	*Dewi hasn't got a drink.*	

A	teledu	car	ci	diod
Tomos	✔	✔	✘	✔
Carys	✔	✘	✘	✘
B				
Gwen	✘	✔	✔	✘
Dewi	✔	✘	✔	✔

Does dim plant gyda fe.	*He doesn't have children.*
Does dim anifail anwes gyda fe.	*He doesn't have a pet.*
Does dim plant gyda hi.	*She doesn't have children.*
Does dim anifail anwes gyda hi.	*She doesn't have a pet.*

Mae plentyn gyda fe.	**Mae plentyn gyda hi.**
Mae dau o blant gyda fe.	**Mae dau o blant gyda hi.**
Mae tri o blant gyda fe.	**Mae tri o blant gyda hi.**
Mae pedwar o blant gyda fe.	**Mae pedwar o blant gyda hi.**
Mae pump o blant gyda fe.	**Mae pump o blant gyda hi.**

Mae problem gyda ni.	*We have a problem.*
Mae cyfarfod gyda ni.	*We have a meeting.*
Mae cyfarfod gyda nhw.	*They have a meeting.*
Mae cyfarfod staff gyda nhw.	*They have a staff meeting.*

Does dim cyfarfod gyda ni.	*We don't have a meeting.*
Does dim apwyntiad gyda ni.	*We don't have an appointment.*
Does dim apwyntiad gyda nhw.	*They don't have an appointment.*
Does dim syniad gyda nhw.	*They don't have an idea.*

Pam rwyt ti'n mynd i'r siop?	petrol
Pam dyw Serena ddim yn chwarae tennis?	pêl
Pam dwyt ti ddim yn darllen papur newydd bob dydd?	problem
Pam wyt ti'n hapus?	pasport
Pam mae e'n cerdded i'r gwaith?	raced
Pam dyw'r plant ddim yn chwarae pêl-droed?	arian
Pam mae'r bòs yn mynd i'r banc?	bwyd
Pam mae hi'n mynd i'r Ganolfan Waith?	amser
Pam mae e'n cysgu mewn carafán?	gwaith
Pam dyw'r tiwtor ddim yn mynd i Sbaen?	car
Pam dyw e ddim yn edrych ar S4C?	tŷ
Pam mae Gwyn yn mynd i'r garej?	teledu

Oes problem gyda chi? _____ *Have you got a problem?*
Oes cyfarfod gyda chi? _____ *Have you got a meeting?*
Oes apwyntiad gyda chi? _____ *Have you got an appointment?*
Oes syniad gyda chi? _____ *Have you got an idea?*

Oes cyfarfod staff gyda nhw? _____ *Have they got a staff meeting?*
Oes apwyntiad gyda nhw?_____ *Have they got an appointment?*
Oes syniad gyda nhw?_____ *Have they got an idea?*
Oes swyddfa gyda nhw?_____ *Have they got an office?*

Enw	chwaer	brawd	ci	cath

Faint o blant sy gyda chi?	*How many children do you have?*
Faint o blant sy gyda ti?	*How many children do you have?*
Faint o blant sy gyda fe?	*How many children does he have?*
Faint o blant sy gyda hi?	*How many children does she have?*

Mae un mab gyda fi.	**Mae un ferch gyda fi.**
Mae dau fab gyda fi.	**Mae dwy ferch gyda fi.**
Mae tri mab gyda fi.	**Mae tair merch gyda fi.**
Mae pedwar mab gyda fi.	**Mae pedair merch gyda fi.**

Ynganu

Dyma hwiangerdd *(nursery rhyme)* enwog yn Gymraeg:

Dau gi bach yn mynd i'r coed,
Esgid newydd am bob troed;
Dau gi bach yn dŵad adre
Wedi colli un o'u sgidie,
Dau gi bach.

Sgwrs 1

Bara brith – *"speckled bread" – fruit loaf*
Mae Eryl yn ffonio Ceri.

Ceri: Helô ?

Eryl: Helô Ceri, Eryl yma. Mae cwestiwn gyda fi. Faint o'r gloch mae'r bore coffi dydd Sadwrn?

Ceri: Deg o'r gloch. Mae poster gyda fi yma.

Eryl: Da iawn. Dw i'n gallu mynd i'r bore coffi felly, ond mae cyfarfod gyda fi am hanner dydd.

Ceri: Dw i'n gallu cyrraedd am un ar ddeg ar y bws. Gwela i ti yna.

Eryl: Mae cacen gyda fi i'r bore coffi. Oes amser gyda ti i wneud cacen?

Ceri: Nac oes, ond mae bara brith gan Mam gyda fi yma.

Eryl: Bendigedig! Mae'r tiwtor a'r dosbarth yn hoffi bara brith yn fawr.

Ceri: Mae bara brith Mam yn flasus iawn.

Eryl: Mae gwaith cartref gyda ni hefyd – gofyn am baned yn Gymraeg yn y bore coffi!

Ceri: Da iawn, gwela i ti dydd Sadwrn.

Sgwrs 2

A: Oes teulu mawr gyda chi?

B: Mae pump brawd a saith chwaer gyda fi.

A: Oes plant gyda chi?

B: Mae saith o blant gyda fi.

A: Oes anifeiliaid gyda chi?

B: Mae pedwar ci gyda ni.

A: Dych chi'n gallu mynd ar wyliau teulu?

B: O ydyn, 'dyn ni'n mynd i Aberaeron bob haf. Mae carafán gyda ni yno.

A: Sut dych chi'n mynd i Aberaeron?

B: Yn y car.

A: Oes car mawr gyda chi?

B: Mae bws mini gyda ni.

Robin Radio

a) Atebwch:

Ble mae Anti Mair yn gweithio? ....

....

Beth yw esgus *(excuse)* Anti Mair? ....

....

Ble mae Anti Mair? ....

....

b) Gwrandewch am:

Beth sy'n bod? ———— *What's wrong?*
Dw i ar ben fy hun. —— *I'm on my own.*
Rwyt ti'n garedig iawn. — *You're very kind.*

c) Cyfieithwch:

I have a problem. ....

I don't want to leave. ....

I want to stay. ....

Help llaw

1. *Showing possession is an important pattern in Welsh. It is different to English. We are literally saying 'There is xx with me'.*

Mae car gyda fi.
Does dim car gyda fi.
Oes car gyda chi?

Oes. ✔ **Nac oes.** ✗

2. *There are 2 ways of using numbers in Welsh. Here we see both ways - number +* **o** *+ plural form (mutated after* **o***), e.g.* **dau o blant***. The other way is to use the number plus the singular form, but you need to know whether the noun is masculine or feminine:*

un mab (dim treiglad)   un **f**erch (treiglad meddal)
dau **f**ab (treiglad meddal)   dwy **f**erch (treiglad meddal)
tri mab (dim treiglad yma ond t>th, c>ch, p>ph)   tair merch (dim treiglad)
pedwar mab (dim treiglad)   pedair merch (dim treiglad)

Uned 13 (un deg tri) – Roedd hi'n braf

Nod: Disgrifio pethau yn y gorffennol/*Describing things in the past*
(Roedd hi'n braf, Oedd hi'n braf? Oedd/Nac oedd, Doedd hi ddim yn braf, Roedd .... gyda fi)

Geirfa

cawod(ydd)	*a shower(s)*	**pabell (pebyll)**	*tent(s)*
cot(iau)	*coat(s)*	**poen(au)**	*pain(s)*
dannodd	*toothache*		

annwyd	*a cold*	**llais (lleisiau)**	*voice(s)*
bag(iau)	*bag(s)*	**llwnc**	*throat*
beic modur	*motorbike(s)*	**moddion**	*medicine*
(beiciau modur)		**pâr (parau)**	*pair(s), couple(s)*
bol(iau)	*stomach(s)*	**pen**	*head*
cefn(au)	*back(s)*	**peswch**	*a cough*
		tro	*turn, time*

cario	*to carry*	**symud**	*to move*

araf	*slow*	**heulog**	*sunny*
ardderchog	*excellent*	**priod**	*married*
cyflym	*fast*		

byth	*ever; never*	**(y) llynedd**	*last year*
fel arfer	*as usual; usually*		

Geiriau pwysig i fi

✕ ....
✕ ....

✕ ....
✕ ....

Roedd hi'n braf ddoe. ———————— *It was fine yesterday.*
Roedd hi'n heulog ddoe. ———————— *It was sunny yesterday.*
Roedd hi'n oer ddoe. ———————— *It was cold yesterday.*
Roedd hi'n wyntog ddoe. ———————— *It was windy yesterday.*

Oedd hi'n braf neithiwr? ——————— *Was it fine last night?* **Oedd.** ✔
Oedd hi'n heulog neithiwr? ——————— *Was it sunny last night?* **Oedd.** ✔
Oedd hi'n oer neithiwr? ——————— *Was it cold last night?* **Nac oedd.** ✗
Oedd hi'n sych neithiwr? ——————— *Was it dry last night?* **Nac oedd.** ✗

Sut roedd y tywydd ddoe? ——————— *How was the weather yesterday?*

Roedd hi'n dost. ———————— *She was ill.*
Roedd hi'n drist. ———————— *She was sad.*
Roedd hi'n hwyr. ———————— *She was late.*
Roedd hi'n brysur. ———————— *She was busy.*

Oedd e'n dost? ———————— *Was he ill?*
Oedd e'n drist? ———————— *Was he sad?*
Oedd e'n gyflym? ———————— *Was he quick?*
Oedd e'n araf? ———————— *Was he slow?*

Oedd ✔ **Nac oedd** ✗

Doedd hi ddim yn sych. ——————— *It wasn't dry.*
Doedd hi ddim yn dda. ——————— *She wasn't well.*
Doedd e ddim yn drist. ——————— *He wasn't sad.*
Doedd e ddim yn hapus. ——————— *He wasn't happy.*

1	♠	**braf**	(tywydd)
2	⠃	**hawdd**	(gwaith)
3	⠇	**oer**	(bwyd)
4	⠒⠒	**drud**	(car)
5	⠲⠂	**rhad**	(gwesty)
6	⠒⠒	**stormus**	(môr)
7	⠶⠶	**trist**	(ffilm)
8	⠶⠶⠶	**hapus**	(plentyn)
9	⠶⠶⠶	**prysur**	(ffordd)
10	⠶⠶⠶⠶	**hwyr**	(trên)

Mae pen tost gyda fi.	*I have a headache.*
Roedd pen tost gyda fi.	*I had a headache.*
Roedd bola tost gyda fi.	*I had a bad stomach.*
Roedd clust dost gyda fi.	*I had a bad ear.*
Roedd annwyd arna i.	*I had a cold.*
Roedd peswch ar Sam.	*Sam had a cough.*
Roedd y ffliw arno fe.	*He had flu.*
Roedd y ddannodd arni hi.	*She had toothache.*
Roedd annwyd arnon ni.	*We had a cold.*
Roedd peswch arnoch chi.	*You had a cough.*
Roedd y ffliw arnyn nhw.	*They had a flu.*
Roedd y ddannodd ar Sam a Mari.	*Siân and Mari had toothache.*

Pwy oedd yn y dosbarth?

	A	B
Siân		
Mair		✔
Iestyn		
Llinos		✔
Elen		
Gareth		
Huw		
Marc		
Dafydd		
Tomos	✔	

Ymarfer

Roedd car glas gyda ni. Mae car coch gyda ni nawr.

Roedd

cot babi		babi	
beic modur	llyfrau		geiriadur Saesneg

Mae

	dau o blant		beic
gwely	cyfrifiadur		geiriadur Cymraeg

Sgwrs 1

Ceri: Sut roedd y parti priodas neithiwr?

Pat: Roedd e'n grêt! Roedd y gwesty'n braf, roedd y bwffe'n flasus a chawson ni amser gwych.

Ceri: A sut roedd y pâr priod?

Pat: Hapus iawn.

Ceri: Oedd pawb yno?

Pat: Doedd y plant bach ddim yno, wrth gwrs, ond roedd pawb arall yno.

Ceri: Sut roedd mam Twm?

Pat: Iawn. Roedd hi'n mwynhau ei hun, dw i'n meddwl.

Ceri: Oedd hi'n dawnsio yn y disgo?

Pat: Oedd, wrth gwrs, fel arfer.

Ceri: Gyda phwy y tro 'ma?

Pat: Gyda'r ficer.

Ceri: A sut roedd y carioci?

Pat: Ofnadwy. Dw i ddim eisiau clywed ABBA byth eto.

Sgwrs 2

Mae ditectif yn siarad â Mr Williams

A: Felly, Mr Williams, beth weloch chi?

B: Gwelais i rywun yn rhedeg ma's o'r banc.

A: Faint o'r gloch oedd hi?

B: Saith munud wedi dau.

A: Dw i'n gweld. Reit, gweloch chi rywun yn rhedeg ma's o'r banc am saith munud wedi dau. Dyn oedd e?

B: Nage, menyw, dw i'n meddwl, ond roedd cot fawr gyda hi a balaclafa, felly dw i ddim yn siŵr.

A: Oedd hi'n cario rhywbeth?

B: Oedd, roedd bag mawr du gyda hi.

A: Beth oedd oed y person?

B: Mae'n anodd dweud. Tua wyth deg, efallai.

A: Wyth deg oed? Oedd e/hi'n rhedeg yn gyflym?

B: Nac oedd, wrth gwrs.

A: Diolch yn fawr am eich help, Mr Williams.

Ynganu – ymarfer y llythyren u

| un | hufen | dur | gwerthu |
| hapus | mefus | stormus | clust |

Dych chi nawr yn gallu darllen *Wynne Evans – o Gaerfyrddin i Go Compare*. Dych chi'n gallu prynu'r llyfr yn eich siop Gymraeg leol chi neu ar www.gwales.com.

Dyma'r clawr *(cover)* ac un paragraff:

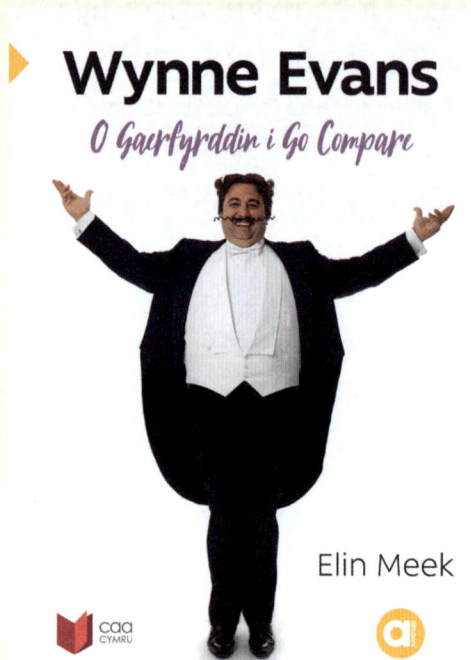

Wynne Evans
O Gaerfyrddin i Go Compare

Elin Meek

Enw: Wynne Evans

Blwyddyn geni: 1972

Gwaith: Tenor, cyflwynydd ar Radio Wales, Radio 3 a Classic FM

Enwog iawn am fod yn: Gio Compario ar hysbysebion Go Compare

Dod yn wreiddiol: o Gaerfyrddin

Byw nawr: yng Nghaerdydd

Beth yw hanes y teulu?

Roedd teulu Dad yn dod o Langynog, ar bwys Caerfyrddin. Ffermwyr o'n nhw. Roedd teulu fy nhad yn siarad Cymraeg. Cymraeg oedd iaith gyntaf fy nhad.

blwyddyn geni	year of birth	**cyflwynydd**	presenter
hysbysebion	advertisements	**hanes**	history
fy nhad	my father	**iaith gyntaf**	first language

Robin Radio:

a) Atebwch:

Pam mae Robin yn hwyr? ....

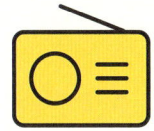

....

Pwy sy'n gwneud y rhaglen gyda Robin? ....

....

Pam dyw Anti Mair ddim yn y gwaith? ....

....

b) Gwrandewch am:

Mae'n ddrwg gyda fi mod i'n hwyr.	*I'm sorry that I'm late.*
Dw i wedi blino'n lân.	*I am shattered.*
a dweud y gwir	*to tell the truth, to be honest*

c) Cyfieithwch:

Do you remember? ....

I had no idea. ....

She has flu. ....

Help llaw

1. **Roedd** *is the 3rd person singular imperfect tense of the verb* BOD.

2. *When a part of the body hurts, we use* **gyda**.

    Mae cefn tost gyda fi.   **Roedd pen tost gyda fi.**

3. *When a condition/illness affects a person, we use* **ar.**

    Mae annwyd arna i.   **Roedd annwyd arna i.**

4. *Learn how* **ar** *conjugates (changes):*
    arna i (arno i)   **arnon ni**
    arnat ti (arnot ti)   **arnoch chi**
    arno fe   **arnyn nhw**
    arni hi

5. *Remember the* treiglad meddal *after singular feminine nouns,*
    e.g. clust + tost > clust **d**ost.

Uned 14 (un deg pedwar) – Ble ro'ch chi'n byw ac yn gweithio?

Nod: Siarad am bethau ro'ch chi'n arfer eu gwneud/
Talking about things you used to do
(Ro'n i, ro't ti, ro'n ni, ro'ch chi, ro'n nhw)

Geirfa

cost(au)	cost(s)	**gŵyl (gwyliau)**	festival(s), holiday(s)
crempog(au)	pancake(s)	**llong(au)**	ship(s)
ffordd (ffyrdd)	road(s), way(s)		

côr (corau)	choir(s)	**deintydd**	dentist
cyngor	council, advice	**gogledd**	north
de	south		

galw	to call	**nyrsio**	to nurse
gobeithio	to hope	**pleidleisio**	to vote
		teimlo	to feel

diog	lazy	**pell**	far
gwell	better	**tost**	ill

athro cyflenwi	supply teacher	**fel**	as, like
cymaint	so much	**i gyd**	all
cyn	before	**o gwmpas**	around

Geiriau pwysig i fi

✗ ....   ✗ ....

✗ ....   ✗ ....

Y Treiglad Trwynol/_Nasal Mutation_

t > yn Nh	d > yn N
c > yng Ngh	g > yng Ng
p > ym Mh	b > ym M

Dw i'n byw yn **Nh**regaron	T > **Nh**
Dw i'n byw yng **Ngh**ymru	C > **Ngh**
Dw i'n byw ym **Mh**ontardawe	P > **Mh**
Dw i'n byw yn **N**owlais	D > **N**
Dw i'n byw yng **Ng**wynedd	G > **Ng**
Dw i'n byw ym **M**edwas	B > **M**

TREGARON

CYMRU

PONTARDAWE

DOWLAIS

GWYNEDD

BEDWAS

Dyma fersiwn 2 o gerdd (_poem_) **gan Cyril Jones**
(**Dysgu trwy Lenyddiaeth**, CBAC)

I gofio'r treiglad trwynol:
Mae Ceri yng Nghaerdydd,
Mae Tom yn byw yn Nhalybont
A Pam ym Mhontypridd.
*****
Mae Gwyn yn byw yng Ngwynedd,
A Dai yn Ninas Brân,
Mae Bob yn byw ym Mangor,
A dyna ydy'r gân.

Ro'n i yn Llandeilo ddoe.	_I was in Llandeilo yesterday._
Ro'n i yn y gwaith ddoe.	_I was at work yesterday._
Ro'n i yn y dosbarth ddoe.	_I was in class yesterday._
Ro'n i gartre ddoe.	_I was at home yesterday._
Ble ro't ti ddoe?	_Where were you yesterday?_
Ble ro't ti neithiwr?	_Where were you last night?_
Ble ro'ch chi ddoe?	_Where were you yesterday?_
Ble ro'ch chi neithiwr?	_Where were you last night?_

A: Ble ro't ti neithiwr? Galwais i yn y tŷ.

B: Ro'n i <u>yn y gwaith</u>. Cyrhaeddais i adre am ddeg o'r gloch.

A: Ble ro't ti prynhawn ddoe? Es i i'r gêm.

B: Ro'n i yn y gwely - yn dost. Pwy enillodd?

A: Ni, wrth gwrs. <u>5-0.</u>

Ro'n i'n byw yn Llanelli pan o'n i'n fabi.
I lived in Llanelli when I was a baby.

Ro'n i'n byw yng Nghaerfyrddin pan o'n i'n blentyn.
I lived in Carmarthen when I was a child.

Ble ro't ti'n byw pan o't ti'n blentyn?
Where did you live when you were a child?

Ble ro'ch chi'n byw pan o'ch chi'n blentyn?
Where did you live when you were a child?

> **LLANELLI**

> **CAERFYRDDIN**

Ble ro'ch chi'n byw?

T	yn	
C	yng	
P	ym	
D	yn	
G	yng	
B	ym	
Dim newid	yn	

Ro'n i'n arfer gwylio *Blue Peter*. —— *I used to watch Blue Peter.*
Ro'n i'n arfer darllen y *Beano*. —— *I used to read the Beano.*
Ro'n i'n arfer chwarae hoci. —— *I used to play hockey.*
Ro'n i'n arfer mynd i Lanelli. —— *I used to go to Llanelli.*

Pan o'n i'n blentyn...

Do'n i ddim yn lico hoci. —— *I didn't like hockey.*
Do'n i ddim yn lico cinio ysgol. —— *I didn't like school dinners.*
Do'n i ddim yn lico bwyta sbrowts. – *I didn't like eating sprouts.*
Do'n i ddim yn lico ymarfer piano. — *I didn't like practising the piano.*

O't ti'n hoffi cinio ysgol? —— *Did you like school dinners?*
O't ti'n hoffi gwaith cartref? —— *Did you like homework?*
O't ti'n hoffi ymarfer corff? —— *Did you like P.E.?*
O't ti'n hoffi canu yn y côr? —— *Did you like singing in the choir?*

O'n. ✔ **Nac o'n.** ✗

Beth o't ti'n lico?
Ysgrifennwch ateb (e.e. Ro'n i'n lico mynd i'r ysgol / Do'n i ddim yn lico mynd i'r ysgol) a holwch *(ask)* eich partner.

helpu yn y tŷ	
gwneud gwaith cartref	

mynd i'r sŵ	
mynd at y deintydd	

Dw i wedi ymddeol nawr. ———— *I have retired now.*

Ond...

Ro'n i'n gweithio mewn canolfan siopa. *I used to work in a shopping centre.*

Ro'n i'n gweithio mewn ffatri. ——— *I used to work in a factory.*

Ro'n i'n gweithio mewn amgueddfa. *I used to work in a museum.*

Ro'n i'n gweithio mewn bwyty.——— *I used to work in a restaurant.*

Ro'n ni'n gweithio yn ————— *We used to work in Singleton Hospital.*
Ysbyty Singleton.

Ro'n ni'n gweithio yn y ————— *We used to work in the County Council.*
Cyngor Sir.

Ro'n nhw'n gweithio yn ————— *They used to work in the college.*
y coleg.

Ro'n nhw'n gweithio yn y ————— *They used to work in the business park.*
parc busnes.

Ble ro'ch chi'n gweithio ———— *Where were you working before?*
o'r blaen?

Ble ro'n nhw'n gweithio o'r ———— *Where were they working before?*
blaen?

1- fi	**1 - trist**
2 - ti	**2 - hapus**
3 – fe/hi	**3 - tost**
4 - ni	**4 - oer**
5 - chi	**5 - prysur**
6 - nhw	**6 - diog**

Ffeindiwch yr ateb!

O't ti'n arfer dawnsio tap? —————— O'n

Oedd e'n gwybod yr ateb? —————— O'n

Oedd y swyddfa'n brysur? —————— Nac o'n

O't ti'n hoffi mathemateg? —————— Oedd

O'n nhw'n gweithio dydd Sadwrn? ——— Nac oedd

O'ch chi'n gwybod? —————— Oedd

O'n nhw'n oer yn y Sahara? —————— O'n

Oedd Gareth yn chwarae neithiwr? —— Nac o'n

Ro'n i'n gwybod. —————— *I knew.*

Ro'n i'n meddwl. —————— *I thought (so).*

Ro'n i'n gobeithio. —————— *I hoped (so).*

Ro'n ni eisiau. —————— *I wanted.*

Sgwrs 1

Chris: Ble dych chi'n byw nawr?

Pat: Dw i'n byw ym Margoed.

Chris: Wel, wel! Dw i'n byw ym Margoed hefyd. Byd bach.

Pat: Dych chi'n lico Bargoed?

Chris: Ydw. Ro'n i eisiau byw yng Nghaerffili ond dw i'n lico Bargoed yn fawr.

Pat: Ble ro'ch chi'n byw cyn symud i Fargoed?

Chris: Ro'n i'n byw yn y Barri.

Pat: Wel, wel, do'n i ddim yn byw yn bell. Ro'n i'n byw ym Mhenarth pan o'n i'n blentyn.

Chris: Ble dych chi'n gweithio nawr?

Pat: Dw i'n gweithio yn Ysbyty Neville Hall yn y Fenni. Dw i'n nyrsio.

Chris: Wel, dw i wedi ymddeol.

Pat: Lwcus iawn. Ble ro'ch chi'n gweithio cyn ymddeol?

Chris: Ro'n i'n gweithio gyda'r Cyngor Sir. Ro'n i'n trwsio'r ffyrdd. A ble ro'ch chi'n gweithio cyn yr ysbyty?

Pat: Do'n i ddim yn gweithio. Ro'n i yn y coleg yng Nghaerdydd.

Chris: Braf iawn!

Sgwrs 2

A:	Rhys?
B:	Yn siarad.
A:	Pennaeth yr ysgol yma. Pam dwyt ti ddim yn yr ysgol ar hyn o bryd?
B:	Roedd annwyd arna i dydd Llun a dydd Mawrth.
A:	Est ti i'r feddygfa i gael papur doctor?
B:	Naddo. Ro'n i'n well dydd Mercher, ond roedd apwyntiad deintydd gyda fi dydd Mercher.
A:	Trwy'r dydd?
B:	Ie. Mae'r deintydd ym Mryste.

A:	Pam do't ti ddim yn yr ysgol dydd Iau?
B:	Doedd y ci ddim yn dda. Roedd bola tost gyda fe.
A:	Pam dwyt ti ddim yn yr ysgol heddiw?
B:	Do'n i ddim yn deall y gwaith cartre. Do'n i ddim eisiau teimlo fel ffŵl yn y dosbarth.
A:	Wyt ti'n dod i'r ysgol dydd Llun?
B:	Ydw.
A:	Da iawn. Dw i ddim eisiau talu am athro cyflenwi eto yr wythnos nesa.

Ynganu – Enwau llefydd *(Place names)* Pwyslais! *Stress!*

Ar y sillaf olaf ond un / *On the last syllable but one.*

Fflint / Conwy / Aberhonddu / Caernarfon / Caerffili / Casnewydd / Cydweli / Llandeilo / Aberystwyth / Abertawe / Aberteifi / Dolwyddelan

OND – Caerdydd – *stress on* dydd – *2 words* **= caer + dydd.**

Mae castell yn y lleoedd yma i gyd.
Felly, gyda eich partner dwedwch:
Gwelais i gastell yn/yng...

Robin Radio:

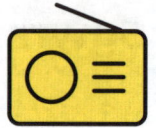

a) Atebwch:

Gyda phwy mae Robin yn siarad? ....

....

Ble roedd hi'n gweithio? ....

....

Beth mae hi'n wneud pan mae hi'n bwrw eira? ....

....

b) Gwrandewch am:

ger y castell ——————— *near the castle*
ddim yn bell ——————— *not far*
Ydy hi'n bwrw eira'n aml? —— *Does it snow often?*

c) Cyfieithwch:

I can walk to the castle. ....

every winter ....

at the seaside ....

imperfect

Help llaw

1. Y Treiglad Trwynol/*Nasal Mutation*

This change happens after the preposition **yn** *meaning 'in'.*

t > yn **Nh**	d > yn **N**
c > y**ng Ngh**	g > y**ng Ng**
p > y**m Mh**	b > y**m M**

It does occur in other contexts, but not as often as the soft mutation. Write a place name you can associate with in the gaps above.

2*. Notice how the word* **yn** *itself changes.*

3. *There is no mutation after* **mewn** *(in a....)* Dw i'n gweithio mewn coleg.

4. *The rest of the imperfect tense of* **bod** *is also introduced here. Here it is in full.*

Ro'n i*	O'n i?	Do'n i ddim	O'n/Nac o'n
Ro't ti	O't ti?	Do't ti ddim	O't/Nac o't
Roedd e/hi	Oedd e/hi?	Doedd Ceri ddim	Oedd/Nac oedd
Ro'n ni	O'n ni?	Do'n ni ddim	O'n/Nac o'n
Ro'ch chi	O'ch chi?	Do'ch chi ddim	O'ch/Nac o'ch
Ro'n nhw	O'n nhw?	Do'n nhw ddim	O'n/Nac o'n

* you will also see Roeddwn i.

5. *This tense refers to things we did often in the past, rather than a one-off activity. Compare the following sentences:*

Cerddais i i'r ysgol ddoe. ——————— *I walked to school yesterday.*
Ro'n i'n cerdded i'r ysgol. ——————— *I walked to school (usually).*

6. *We always use the imperfect with the following:*

Ro'n i'n hoffi/lico ——————— *I liked*
Ro'n i'n gwybod ——————— *I knew*
Ro'n i eisiau ——————— *I wanted*

7. *We usually use the imperfect with adjectives:*

Ro'n i'n brysur.
Roedd hi'n oer.

8. Bôn *(stem)* **galw yw galw;**

galwais i ——————— *I called*

Uned 15 (un deg pump) – Siarad wyneb yn wyneb.

Nod: Ymarfer siarad wyneb yn wyneb ac adolygu unedau 8–14/
Practising speaking face to face and revising units 8–14. (Dw i wedi, arall)

Geirfa

gwers(i)	lesson(s)	**Nos Galan**	New Year's Eve
llinell(au)	line(s)	**taith (teithiau)**	journey(s)

awdur(on)	author(s)	**llyfrgellydd**	librarian(s)
dant (dannedd)	tooth (teeth)	**(llyfrgellwyr)**	
dewis(iadau)	choice(s)	**wyneb(au)**	face(s)

anghofio	to forget	**trafod**	to discuss
archebu	to order	**ysgrifennu**	to write

buan	soon	**rhyfedd**	strange, funny
hir	long		

Geiriau pwysig i fi

....
✗
....
✗
....

....
✗
....
✗
....

Gêm o gardiau

	♠	♦	♣	♥
A	Ble ro'ch chi'n byw yn 1997?	Ble aethoch chi i'r ysgol?	Beth yw'ch gwaith chi?	Sut roedd y tywydd ddoe?
2	Ble aethoch chi i siopa yr wythnos diwetha?	Pryd codoch chi y bore 'ma?	Beth gest ti i frecwast heddiw?	Beth wnaethoch chi ddoe?
3	Oes beic gyda chi?	Ble aethoch chi ar wyliau ddiwetha?	Sut cyrhaeddoch chi yma heddiw?	Oes cyfrifiadur gyda chi?
4	Oedd hi'n braf dydd Sadwrn?	Sut ro't ti'n arfer mynd i'r ysgol?	Beth dych chi'n ei wneud y penwythnos nesa?	Aethoch chi i'r coleg?
5	Oes anifeiliaid anwes gyda chi?	Beth dych chi'n ei hoffi ar y teledu?	Oes amser gyda chi i siopa heddiw?	Oes teulu gyda chi?
6	Oedd anifail anwes gyda chi pan o'ch chi'n blentyn?	Beth o'ch chi'n lico ei wneud pan o'ch chi'n blentyn?	Ble aethoch chi i siopa Nadolig?	Beth brynoch chi ddiwetha?
7	Beth weloch chi ar y teledu neithiwr?	Beth gest ti i ginio dydd Sul?	Faint o'r gloch est ti i'r gwely neithiwr?	Ble ro'ch chi Nos Galan ddiwethaf?
8	Oes car gwyrdd gyda chi?	Sut mae'r tywydd heddiw?	Pwy oedd yn y newyddion yr wythnos diwetha?	Beth oedd ar y teledu yr wythnos diwetha?
9	Ble ro'ch chi'n arfer gweithio?	Beth do't ti ddim yn lico ei wneud pan o't ti'n blentyn?	Ble ro't ti'n mynd ar wyliau pan o't ti'n blentyn?	Ble ro'ch chi dydd Nadolig?
10	Beth gawsoch chi i swper nos Sadwrn?	Beth weloch chi yn y sinema ddiwetha?	Ble gwnaethoch chi fwyta ma's ddiwetha?	Ble dych chi'n byw?
Jac	O't ti'n lico nofio pan o't ti'n blentyn?	Beth o't ti'n hoffi ei ddarllen pan o't ti'n blentyn?	Beth do't ti ddim yn lico ei fwyta pan o't ti'n blentyn?	Aethoch chi am dro dros y penwythnos?
Brenhines	Wnaethoch chi smwddio neithiwr?	Gawsoch chi baned o goffi bore 'ma?	Tua faint o'r gloch gadawaist ti'r tŷ y bore 'ma?	Est ti i'r capel/eglwys/mosg dros y penwythnos?
Brenin	Wnest ti arddio dros y penwythnos?	Siaradaist ti Gymraeg gyda rhywun ddoe?	Ble est ti i lan y môr ddiwetha?	O ble dych chi'n dod yn wreiddiol?

Arall - *another*

Ffeindiwch y tri **arall** yn y ddeialog ac ysgrifennwch y brawddegau *(sentences)* yma:

1. ....

2. ....

3. ....

Ymarfer:

Ces i lyfr arall. ——————————— *I had another book.*

Ces i lythyr arall. ——————————— *I had another letter.*

Ces i gerdyn arall. ——————————— *I had another card.*

Ces i ddiod arall. ——————————— *I had another drink.*

Ysgrifennwch bum cwestiwn i blentyn gydag **arall**
e.e. Wyt ti eisiau diod arall?

1. ....

2. ....

3. ....

4. ....

5. ....

Misoedd y flwyddyn

mis Ionawr	mis Chwefror	mis Mawrth	mis Ebrill
mis Mai	mis Mehefin	mis Gorffennaf	mis Awst
mis Medi	mis Hydref	mis Tachwedd	mis Rhagfyr

Sgwrs 3

Derbynnydd: Bore da, gaf i helpu?

Chris: Bore da. Mae problem gyda fi.

Derbynnydd: Ydy'r ddannodd arnoch chi?

Chris: Nac ydy, ond anghofiais i ddod i apwyntiad ddoe.

Derbynnydd: Beth yw'r enw?

Chris: Chris Jones.

Derbynnydd: Gyda phwy roedd yr apwyntiad?

Chris: Gyda Mrs Dent.

Derbynnydd: Pryd roedd yr apwyntiad?

Chris: Bore ddoe am un ar ddeg.

Derbynnydd: Un funud – o ie, mae nodyn ar y cyfrifiadur. Roedd hi'n aros am chwarter awr...

Chris: Wel, mae'n ddrwg gyda fi... Gaf i apwyntiad arall?

Derbynnydd: Pryd?

Chris: Cyn bo hir, os gwelwch chi'n dda.

Help llaw

1. Yn Uned 15, *we have another past tense – **the perfect tense***:

Darllenais i	*I read*
Ro'n i'n darllen	*I was reading*
Dw i wedi darllen	*I have read*

2. *The perfect tense is very similar to the present tense,* **yn** *is replaced with* **wedi**.

Dw i'n darllen	**Dw i wedi darllen**
Rwyt ti'n darllen	**Rwyt ti wedi darllen**
Mae e/hi'n darllen	**Mae e/hi wedi darllen**
'Dyn ni'n darllen	**'Dyn ni wedi darllen**
Dych chi'n darllen	**Dych chi wedi darllen**
Maen nhw'n darllen	**Maen nhw wedi darllen**

wedi

Uned 16 (un deg chwech) – Rhifau, Amser ac Arian

Nod: Siarad am amser ac arian/
Talking about time and money
(Faint o'r gloch yw hi?, y cloc, Faint yw...?, arian)

Geirfa

Ffrainc	France	**pys (ll)**	peas (pl)
mil(oedd)	thousand(s)		

arian	money; silver	**menyn**	butter
cwm (cymoedd)	valley(s)	**pensil(iau)**	pencil(s)
cwmni (cwmnïau)	company (companies)	**newyddion**	news
chwarter(i)	quarter(s)	**ugain**	twenty

cymryd	to take	**sgorio**	to score
cynnwys	to include	**trefnu**	to organise
ffermio	to farm	**troi**	to turn
perfformio	to perform		

drwg	bad	**yn unig**	only

digon	enough	**tan**	until
o'r gorau	ok, all right	**yn ôl**	back, ago; according to
rhy	too		

Geiriau pwysig i fi

× ....　　× ....

× ....　　× ....

	12:00	Cyw	**S4/C**
12:00		Cegin Bryn	**Partner B**
	13:10	Newyddion amser cinio	
13:10		Tywydd amser cinio	
	15:00	Prynhawn da	
15:00		Ffermio	
	17:00	Awr Fawr	
17:00		Stwnsh	
	18:15	Newyddion amser te	
18:15		Tywydd amser te	
	19:00	O'r Eisteddfod	
	19:30	Heno	
19:30		Newyddion	
	20:30	Pobol y Cwm	
20:30		Garddio a Mwy	
21:00		Y Byd ar Bedwar	
	22:45	Sgorio	
	24:00	Y Clwb Rygbi	

Codais i am hanner awr wedi chwech. ——— *I got up at half past six.*

Gadawais i'r tŷ am hanner awr wedi saith. ——— *I left the house at half past seven.*

Cyrhaeddais i adre am bump o'r gloch. ——— *I arrived home at five o'clock.*

Es i i'r gwely am ddeg o'r gloch. ——— *I went to bed at ten o'clock.*

Faint o'r gloch codaist ti ddoe?		*What time did you get up yesterday?*		
Faint o'r gloch gadawaist ti'r tŷ?		*What time did you leave the house?*		
Faint o'r gloch cyrhaeddaist ti adre?		*What time did you arrive home?*		
Faint o'r gloch est ti i'r gwely neithiwr?		*What time did you go to bed last night?*		

Enw	codi	gadael y tŷ	cyrraedd adre	mynd i'r gwely

Arian

Punt / ceiniog	**Saith punt / ceiniog**
Dwy bunt / geiniog	**Wyth punt / ceiniog**
Tair punt / ceiniog	**Naw punt / ceiniog**
Pedair punt / ceiniog	**Deg punt / ceiniog**
Pum punt / ceiniog	**Ugain punt / ceiniog**
Chwe phunt / cheiniog	**Dau ddeg saith punt / ceiniog**

Ynganu

Dwedwch y brawddegau yma wrth eich partner, bob yn ail.

Dw i'n darllen llyfrau Llinos.
Mae chwe chwaer yn chwarae cardiau.
Llwyd yw lliw'r llyfrau yn y llyfrgell.
Dw i'n gweithio mewn gwesty gwely a brecwast.

Robin Radio

a) Atebwch

Ble mae'r cyngerdd? ....

Pryd mae'r cyngerdd? ....

Pam mae Anti Mair eisiau mynd? ....

b) Gwrandewch am:

Sut gallwn ni helpu?	*How can we help?*
bargen go iawn	*a real bargain*
Diolch am eich help.	*Thank you for your help.*

c) Cyfieithwch:

We are organizing a bus. ....

We can share the bus. ....

I want to hear the choir again. ....

numbers 1   numbers 2   time   money

Help llaw

1. *It is important, as always, to remember to use the soft mutation after* **i***,* e.g. **chwarter i bedwar.** *We also see it here after* **am***, e.g.* **am bump o'r gloch***.*

2. *As with the weather, we use the feminine pronoun when referring to time, e.g.* **Faint o'r gloch yw hi? Mae hi'n bump o'r gloch.**

3. *The number following* **yn** *takes the* **treiglad meddal:**
Mae hi'n bump o'r gloch.
Mae hi'n ddeuddeg o'r gloch.

4. *The older forms of the numbers 20 and 25 are used when telling the time:*
20 = ugain
25 = pump ar hugain *(literally five on twenty)*

5. *Also, note the placing of the words* **awr** *and* **munud** *in the middle of the number:*
pum munud ar hugain
pedair awr ar hugain *(24 hours)*
The reason for adding the letter **h** *will be explained later.*

6. *Money.*
Punt *and* **ceiniog** *are both feminine nouns.*
The numbers two, three and four have feminine forms (see Uned 14) =
dwy, tair + pedair.
Remember to change the numbers accordingly.

7. Tri a Chwe
The **treiglad llaes** *(aspirate mutation) follows* **tri** *and* **chwe:**
tri theulu	**chwe theulu**
tri chant	**chwe chant**
tri phlentyn	**chwe phlentyn**

8. Yn y ddeialog, dych chi'n gweld **ddim yn rhy ddrwg. Rhy** *always comes before the adjective and causes a* **treiglad meddal (drwg > rhy ddrwg).**

Ynganu

Dwedwch y brawddegau yma:

Roedd hi'n stormus yn Rhuthun neithiwr.
Mae'r haul yn gwenu yn Hwlffordd heddiw.
Bydd hi'n wlyb ledled y wlad heno.
Bydd hi'n fendigedig o Fangor i Flaenau Ffestiniog yfory.

Gwrando

Dyma'r bwletin tywydd.

Roedd hi'n .... iawn ddoe, dros Gymru i gyd. Diolch byth, mae

hi'n .... nawr, tywydd i fynd â'r ci am dro. Ond, mae'n

ddrwg gyda fi ddweud, mae hi'n mynd i .... heno. bydd

hi'n .... dros nos yn y de a'r gogledd. Yfory, bydd

y .... wedi mynd, ond bydd hi'n .... Dim

.... yfory eto! A dyna'r bwletin tywydd.

Bydda i yn y gwaith yfory.	I will be in work tomorrow.
Bydda i yn y tŷ yfory.	I will be in the house tomorrow.
Bydda i yn y dre yfory.	I will be in town tomorrow.
Bydda i yn y siop yfory.	I will be in the shop tomorrow.

Sgwrs

Derbynnydd: Bore da, gaf i helpu?

Chris: Gaf i siarad â'r bòs?

Derbynnydd: Dyw e ddim yma heddiw. Mae e ar wyliau yn y Bahamas.

Chris: Pryd bydd e'n ôl?

Derbynnydd: Fydd e ddim yn ôl tan wythnos i ddydd Mawrth.

Chris: Gaf i adael neges?

Derbynnydd: Cewch, wrth gwrs.

Chris: Chris Ellis dw i. Dw i'n gweithio yn swyddfa Abercastell. Ar ôl y storm ddoe, mae'r trydan wedi torri yn y swyddfa ac mae hi'n oer iawn yma.

Derbynnydd: O diar, mae'n ddrwg gyda fi glywed. Ac ydy, mae'r tywydd yn oeri. Fydd hi'n bosib i chi ebostio'r bòs? Bydd e'n gallu darllen yr ebost yn y gwesty.

Chris: Fydd hi ddim yn bosib ebostio achos mae'r trydan wedi torri.

Derbynnydd: O, ie.

Chris: A dw i ddim yn meddwl bydd y bòs yn y Bahamas yn poeni am y trydan yn swyddfa Abercastell. Ond diolch am eich help chi.

Derbynnydd: Croeso! Unrhyw bryd!

fut.bod

Robin Radio

a) Atebwch:

Am faint o'r gloch bydd y ffair yn dechrau?

....

Faint fydd rhywun 70 oed yn ei dalu i fynd i'r ffair?

....

Sut roedd y tywydd llynedd?

....

b) Gwrandewch am:

mynediad am ddim	*free entry*
Bydd yr haul yn gwenu.	*The sun will be smiling.*
Beth fydd yn digwydd?	*What will be happening?*
llifogydd	*floods*

c) Cyfieithwch:

in six weeks ....

The doors will open... ....

very noisy as usual ....

Help llaw

1. *The future form of* **bod** *(to be) is widely used in Welsh. You will hear it in the context of organising events and talking about the weather.*

Bydd e/hi	*He/she/it will be*	Bydda i	*I will be*
Fydd e/hi?	*Will he/she/it be?*	Fydda i?	*Will I be?*
Fydd e/hi ddim	*He/she/it won't be*	Fydda i ddim	*I won't be*

2. *The same mutation rules apply as the present form –* **Mae hi'n gweithio / diwtor / brysur.** *Nouns and adjectives mutate following* **yn**, *but not verbs.*

Now here is: the imperfect form - **Roedd hi'n gweithio/diwtor/brysur.**
                     the future form - **Bydd hi'n gweithio/diwtor/brysur.**

Uned 18 (un deg wyth) – Bydda i'n mynd

Nod: Siarad am gynlluniau yn y dyfodol /
Talking about plans in the future
(Byddi di, byddwn ni, byddwch chi, byddan nhw)

Geirfa

cadair (cadeiriau)	*chair(s)*	**gwobr(au)**	*prize(s)*
fferyllfa	*chemist shop(s)*	**marchnad(oedd)**	*market(s)*
(fferyllfeydd)		**rhan(nau)**	*part(s)*
		sioe(au)	*show(s)*

anrheg(ion)	*present(s)*	**mis mêl**	*honeymoon*
gobaith	*hope*	**siopwr (-wyr)**	*shopkeeper(s)*
mêl	*honey*	**tabled(i)**	*tablet(s)*

cystadlu	*to compete*	**nôl**	*to get, collect*
dyfalu	*to guess*	**pacio**	*to pack*
eistedd	*to sit*	**priodi**	*to marry, to get*
glanhau	*to clean*		*married*

cenedlaethol	*national*	**ifanc**	*young*

ar ôl	*after*	**ers**	*since*
beth bynnag	*anyway*	**ers llawer dydd**	*a long time ago*
bobl bach!	*good grief!*	**prif**	*main, top, highest*
erbyn	*by (amser)*		

Geiriau pwysig i fi

× ....   × ....

× ....   × ....

Ble?	Gwneud?	Bwyta?	Yfed?
India	canu carioci	caws	te gwyrdd
Las Vegas	gwylio pêl-droed a rygbi	mefus a hufen	sake
Hong Kong	prynu gwin	sushi	te du
Tokyo	gwylio tennis	byrgyr mawr	gwin coch
Caerdydd	siopa	cyrri	wisgi Bourbon
Wimbledon	gweld y Taj Mahal	chop suey	cwrw Brains
Bordeaux	gweld "Elvis"	pysgod a sglodion	Pimms

Fyddi di'n garddio yfory?	*Will you be gardening tomorrow?*	Bydda.	✔
Fyddi di'n gwrando ar gerddoriaeth?	*Will you be listening to music?*	Bydda.	✔
Fyddi di'n chwarae ar y cyfrifiadur?	*Will you be playing on the computer?*	Na fydda.	✘
Fyddwch chi'n mynd i fowlio deg?	*Will you be going ten pin bowling?*	Byddwn.	✔
Fyddwch chi'n mynd â'r ci am dro?	*Will you be taking the dog for a walk?*	Na fyddwn.	✘
Fyddan nhw'n mynd i'r farchnad?	*Will they be going to the market?*	Byddan.	✔
Fyddan nhw'n mynd ar fis mêl?	*Will they be going on honeymoon?*	Na fyddan.	✘

	Dyfalu	Ateb
Fyddi di yn y gwely cyn hanner awr wedi deg heno?		
Fyddi di'n glanhau'r tŷ dros y penwythnos?		
Fyddi di'n rhydd nos Sul?		
Fyddi di'n brysur yr wythnos nesa?		

Mae'n ddrwg gyda fi ond ...

Fydda i ddim ar gael. ——————— *I won't be available.*
Fydda i ddim yn y cyfarfod. ————— *I won't be in the meeting.*
Fydda i ddim yn y dosbarth. ———— *I won't be in class.*
Fydda i ddim yn gweithio. ————— *I won't be working.*

Fydda i ddim yn mynd i'r capel dydd Llun.

Fyddi di ddim yn nofio yn y môr dydd Mawrth.

Fydd Gareth ddim yn chwarae pêl-droed dydd Mercher.

Fyddwn ni ddim yn mynd i'r mosg dydd Iau.

Fyddwch chi ddim yn mynd i'r bingo dydd Gwener.

Fyddan nhw ddim yn gweithio dydd Sadwrn.

Fydd y plant ddim yn yr ysgol dydd Sul.

Gwrando

1. Beth mae Siwan eisiau?

....

Beth yw'r broblem?

....

2. Beth mae Dafydd eisiau?

....

Beth yw'r broblem?

....

Ynganu

A: Gaf i siarad â Ceri Prys, os gwelwch chi'n dda?

B: Mae'r lein yn brysur. Dych chi'n gallu ffonio'n ôl mewn chwarter awr?

A: Nac ydw... Ydy Dafydd Elis i mewn?

B: Mae e mewn cyfarfod. Bydd e yn y swyddfa ar ôl tri o'r gloch.

A: Beth am Ann Davies 'te?

B: Dyw hi ddim yn y gwaith, mae'n ddrwg gyda fi. Mae hi ar wyliau tan ddydd Iau nesa.

A: Reit, dw i eisiau siarad â'r Pennaeth.

B: Fi yw'r Pennaeth. Dw i'n rhy brysur i siarad nawr. Hwyl fawr.

Sgwrs

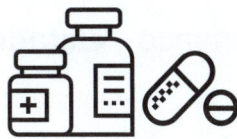

Gwrandewch ar y ddeialog a llenwch y grid:

	Beth mae Jo eisiau?
o'r farchnad	
o siop Mr Clark	
o'r swyddfa bost	
o'r fferyllfa	

Jo: Fyddi di'n mynd i'r dre heddiw?
Chris: Bydda.
Jo: Fyddi di'n gallu prynu un neu ddau o bethau i fi?
Chris: Bydda, wrth gwrs. Beth wyt ti eisiau?
Jo: Fyddi di'n gallu prynu ffrwythau o'r farchnad?
Chris: Iawn, wrth gwrs.
Jo: Dw i angen trwsio'r esgidiau 'ma. Fyddi di'n gallu mynd â nhw i siop Mr Clark?
Chris: Wel, o'r gorau…

Jo: Fyddi di'n gallu mynd i'r swyddfa bost? Dw i angen stampiau i bostio anrheg.
Chris: Wel… bydd y swyddfa bost yn brysur iawn…
Jo: Oes ots gyda ti fynd i nôl y presgripsiwn yma o'r fferyllfa? Does dim tabledi pen tost ar ôl…
Chris: Bobl bach, dw i'n dechrau cael pen tost! Bydda i drwy'r dydd! Wyt ti eisiau rhywbeth arall?
Jo: Nac ydw, dw i'n iawn. Bydda i'n mynd i'r dre yfory beth bynnag.

Darllen

Tair Eisteddfod a sioe

Mae'r gair Eisteddfod yn dod o ddau air Cymraeg – **eistedd** a **bod.** Mae bardd *(poet)* yn ennill cadair mewn seremoni.

Roedd eisteddfodau ers llawer dydd yng Nghymru ond roedd yr Eisteddfod Genedlaethol "fodern" gyntaf yn 1861 yn Aberdâr. Erbyn heddiw mae dros 150,000 o bobl yn mynd i'r Eisteddfod Genedlaethol bob blwyddyn. Eisteddfod Genedlaethol yr Urdd Corwen 1929 oedd y gyntaf i bobl ifanc dan 25 oed. Erbyn hyn mae dros 90,000 yn dod i Eisteddfod yr Urdd.

Fel arfer, pan mae Eisteddfod yr Urdd yn y Gogledd mae'r Eisteddfod Genedlaethol yn y De. Y flwyddyn wedyn mae'r ddwy Eisteddfod yn symud i ben arall Cymru.

Roedd Eisteddfod yn Llangollen am y tro cyntaf yn 1947, ble roedd pobl o bob rhan o'r byd yn dod i gystadlu. Mae dros 50,000 yn dod i Langollen i'r Eisteddfod bob blwyddyn.

Ond yn Sioe Fawr Llanelwedd mae dros 200,000 o bobl – a llawer iawn o anifeiliaid!

Ffeindiwch dair ffaith *(find 3 facts)* **o'r darn yma ac ysgrifennwch nhw yn Gymraeg.**

1. ....

2. ....

3. ....

Robin Radio

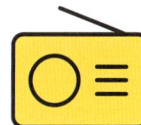

a) Atebwch:

Ble bydd Mari ym mis Mehefin?

....

Ble bydd Mari ym mis Gorffennaf?

....

Ble bydd Mari ym mis Awst?

....

b) Gwrandewch am:

Dw i eisiau trefnu mis mêl. ——————— *I want to organise a honeymoon.*
Pryd dych chi'n priodi? ——————— *When are you getting married?*
dim gobaith ——————————— *no chance, no hope*

c) Cyfieithwch:

I have had an idea. ....

Will you be working? ....

Have you got a caravan? ....

Help llaw

1. *You now know all of the verb* **bod** *in the future tense.*

Bydda i	*I will be*
Byddi di	*You will be*
Bydd hi/e/y plant	*He/she/the children will be*
Byddwn ni	*We will be*
Byddwch chi	*You will be*
Byddan nhw	*They will be*

The rules of use are exactly the same as the other forms of the verb **bod** *–* **Ro'n i***...etc. and* **Dw i***... etc. You can add on verbs in the infinitive to form a sentence in the future tense but as in the other tenses you must also use* **yn ('n).**

2. *As with other tenses, the answers respond to the verb used in the question:*

Fydda i?	**Byddi.**	**Na fyddi.**
Fyddi di?	**Bydda.**	**Na fydda.**
Fydd e/hi?	**Bydd.**	**Na fydd.**
Fyddwn ni?	**Byddwn/byddwch.**	**Na fyddwn/na fyddwch.**
Fyddwch chi?	**Bydda/byddwn.**	**Na fydda/na fyddwn.**
Fyddan nhw?	**Byddan.**	**Na fyddan.**
Fydd y plant?	**Byddan.**	**Na fyddan.**

Uned 19 (un deg naw) – Fy

Nod: Siarad am eich eiddo chi a'ch perthnasau chi/
Talking about your possessions and relatives
(fy nghar i)

Geirfa

allwedd(i)	key(s)	**silff ben tân**	mantle piece
diod(ydd)	drink(s)	**(y)stafell(oedd)**	room(s)
ffenest(ri)	window(s)	**wal(iau)**	wall(s)
llen(ni)	curtain(s)	**y we**	the web
sbectol haul	sunglasses	**ynys(oedd)**	island(s)
silff(oedd)	shelf (shelves)		

beiro(s)	biro(s)	**llun(iau)**	picture(s)
brws(ys)	brush(es)	**llygad (llygaid)**	eye(s)
brws(ys) dannedd	toothbrush(es)	**pasport(iau)**	passport(s)
cwpwrdd (cypyrddau)	cupboard(s)	**tân**	fire

anghywir	wrong	**diddorol**	interesting

ar	on	**dan**	under
bron	nearly	**wrth**	by

Geiriau pwysig i fi

× ....   × ....

× ....   × ....

Fy

fy nhad i	*my father*	**fy nrws i**	*my door*
fy nghar i	*my car*	**fy ngwin i**	*my wine*
fy mhen i	*my head*	**fy mrawd i**	*my brother*

Dyma fy ffeil i. —————————— *Here is my file.*
Dyma fy nhocyn i. —————————— *Here is my ticket.*
Dyma fy ngherdyn i. —————————— *Here is my card.*
Dyma fy mhwrs i. —————————— *Here is my purse.*

Dych chi wedi colli'r pethau yma:

1. pwrs/waled, 2. ffôn, 3. papur, 4. bag, 5. diod, 6. cerdyn banc,
7. tocyn trên, 8. cot, 9. beiro, 10. sbectol haul, **11. allweddi.**

Mae eich partner wedi ysgrifennu'r rhifau ar y llun. *(Your partner will have written the numbers in on her/his copy of the picture).* **Gofynnwch iddi hi/ iddo fe am help i ffeindio'r pethau, e.e.**

Ble mae fy ffôn i?   **Mae e ar y gadair.**
                              Mae e dan y soffa.
                              Mae e wrth y ffenest.

Cofiwch: **ar, dan, wrth.**

Mae fy **nh**ad-cu i yn **Nh**regaron.   Mae fy **n**eintydd i yn **N**inas Powys.
Mae fy **ngh**ariad i y**ng Ngh**aerdydd.   Mae fy **ng**waith i y**ng Ng**wynedd.
Mae fy **mh**lant i y**m Mh**orthcawl.   Mae fy **m**rawd i y**m M**edwas.

Pat yw enw fy nhad i. ——————— *Pat is my father's name.*
Pat yw enw fy mam i. ——————— *Pat is my mother's name.*
Pat yw enw fy mab i. ——————— *Pat is my son's name.*
Pat yw enw fy merch i. ——————— *Pat is my daughter's name.*

Dyma fi

Dewiswch bum peth i ddweud wrth y dosbarth:
Dilynwch y patrwm: Pat yw/oedd enw fy nhad i.

	enw	mam/tad
	enw	mab
	enw	merch
	enw	(anifail)
	lliw	(anifail)
	mêc	car
	lliw	car
	enw	bòs
	enw	tŷ
	rhif	tŷ
	enw	partner/gŵr/gwraig/cariad
	enw	brawd/chwaer
	enw	ysgol
	mêc	ffôn
	enw	tiwtor
	lliw	gwallt
	lliw	llygaid

Ymarfer ac ynganu

Gyda'ch partner, llenwch y bylchau ac wedyn darllenwch y paragraff yn uchel :

Ceri dw i. Dw i'n byw yng .... (Caerfyrddin) ond dw

i'n gweithio yng .... (Caerdydd). Mae fy ....

(teulu) i gyd yn byw yng .... (Gwynedd).

Roedd fy .... (tad) i'n byw gyda mam yn .... (Trefriw)

ond yn gweithio ar y trên bach yn .... (Tal-y-llyn).

Mae fy chwaer i'n byw yn .... (Dinas Mawddwy)

ond yn gweithio yn .... (Dolgellau). Mae fy ....

(brawd) i'n byw ym .... (Bethesda) ond yn gweithio ym

.... (Bangor). Mae fy .... (partner) i, Pat yn

gweithio ym .... (Pontypridd) ond yn byw ym ....

(Pontypŵl) . Mae fy .... (car) i'n hen. Dw i'n gyrru

gormod yng .... (Cymru)!

Sgwrs
Gwrandewch ar y sgwrs a llenwch y grid:

Beth?	Ble?

Mam: Wyt ti wedi gorffen pacio?

Sam: Ydw… bron iawn…

Mam: Da iawn. 'Dyn ni'n mynd mewn hanner awr. 'Dyn ni'n hedfan am un ar ddeg o'r gloch heno.

Sam: Mam!

Mam: Ie?

Sam: Ble mae fy nghês i?

Mam: Ar y gwely wrth gwrs!

Sam: Ble mae fy fflip-fflops i?

Mam: Dan y gwely, mae'n siŵr.

Sam: Ble mae fy mrws dannedd i?

Mam: Yn y stafell ymolchi, wrth gwrs.

Sam: Ble mae fy nghamera i?

Mam: Dan y gadair yn y stafell fyw, dw i'n meddwl.

Sam: Ble mae fy mhasbort i?

Mam: Yn fy mag i, wrth gwrs.

Sam: O na! Dw i ddim yn gallu ffeindio fy ffôn i. Ble mae e?

Mam: Dim problem, fyddi di ddim angen ffôn.

Sam: Pam lai?

Mam: Dwyt ti ddim yn gallu chwarae gemau ar yr awyren, ac anghofiais i ddweud…

Sam: Dweud beth?

Mam: Dyw'r we ddim yn gweithio ar yr ynys!

Sam: Beth? Dw i ddim eisiau mynd, 'te…

Dych chi nawr yn gallu darllen *Gangsters yn y Glaw* gan Pegi Talfryn. Dych chi'n gallu prynu'r llyfr yn eich siop Gymraeg leol chi neu ar www.gwales.com.

Dyma'r clawr *(cover)* ac un paragraff:

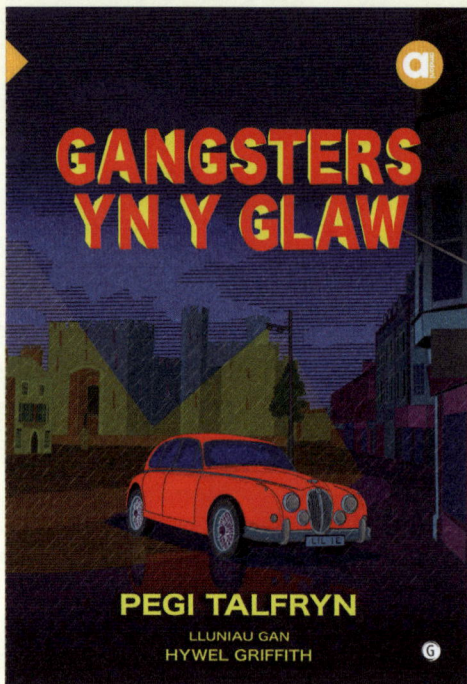

Elsa Bowen dw i. Ditectif preifat dw i. Dw i'n byw yng Nghaernarfon. Dw i'n dŵad o Gaernarfon yn wreiddiol. Dw i'n gweithio yng Nghaernarfon. **Cofidre** dw i. Dw i ddim yn hoffi Caernarfon ond mae Caernarfon yn fy **ngwaed** i.

Cofidre – *a native of Caernarfon;*   **gwaed** – *blood*

Robin Radio

a) Atebwch:

Ydy Rhian yn hoffi rygbi?

....

Beth mae Rhian a Bethan yn hoffi ei wneud yn Abertawe?

....

Beth fydd Rhian yn ei brynu i Bethan?

....

b) Gwrandewch am:

Dw i wrth fy modd gyda chwaraeon. —— *I love sport*
Does dim diddordeb gyda fi. —————— *I have no interest.*
fy hoff siop ————————————————— *my favourite shop*

c) Cyfieithwch:

Thank you for phoning. ....

She will be sixty. ....

I forgot to say. ....

Help llaw

1. *This is the first possessive pronoun that you have come across. The pronoun* **fy** *(my) is followed by the* **Treiglad Trwynol**/*Nasal Mutation:*

T > Nh	**D > N**
C > Ngh	**G > Ng**
P > Mh	**B > M**

2. *Often this* **fy** *is changed in speech to* **y** *before the above letters, and* **yn** *before other letters.*

3. *You will hear both* **fy nghar** *and* **fy nghar i.**

4. *You have now been introduced to the two main occasions when we use the* **Treiglad Trwynol:**

Following the preposition **yn,** *meaning 'in'.*
Following the possessive pronoun **fy.**

family 1   family 2

Uned 20 (dau ddeg/ugain) – Dy, Eich

Nod: Gofyn cwestiynau am eiddo a pherthnasau pobl eraill/
Asking questions about other people's possessions and relatives
(dy lyfr di, eich llyfr chi)

Geirfa

gardd (gerddi)	garden(s)	**maneg (menig)**	glove(s)
llysferch	stepdaughter	**modryb**	auntie
mam faeth	foster mother	**ras(ys)**	race(s)
mam-yng-nghyfraith	mother-in-law	**rhestr(i)**	list(s)

amser sbâr	spare time	**llysfab**	stepson
diddordeb(au)	interest(s)	**llystad**	stepfather
ewythr	uncle	**tad maeth**	foster father
		tei(s)	tie(s)

dringo	to climb	**teithio**	to travel
dwyn	to steal	**tyfu**	to grow
sillafu	to spell	**ymarfer**	to practise

rhan-amser	part-time	**teuluol**	family

pa?	which?

Geiriau pwysig i fi

✕ ....
✕ ....

✕ ....
✕ ....

Dyma eich ffeil chi. **Dyma eich tocyn chi.**
Dyma eich desg chi. **Dyma eich llyfr chi.**
Dyma eich ffôn chi. **Dyma eich cot chi.**
Dyma eich allwedd chi. **Dyma eich rhestr siopa chi.**
Dyma eich sbectol chi. **Dyma eich paned chi.**
Dyma eich beiro chi. **Dyma eich menig chi.**

Beth yw'ch enw chi? ——————— *What is your name?*
Beth yw'ch cyfeiriad chi? ————— *What is your address?*
Beth yw'ch cod post chi? ————— *What is your post code?*
Beth yw'ch gwaith chi? ————— *What is your job?*

Syrjeri Aberheli

Enw	Cyfeiriad	Rhif ffôn	Dyddiad geni

Dyma dy ffeil di. **Dyma dy docyn di.** **Dyma dy ddesg di.**
Dyma dy ffôn di. **Dyma dy got di.** **Dyma dy win di.**
Dyma dy sbectol di. **Dyma dy baned di** **Dyma dy frawd di.**

Dyma dy fwyd di.
Dyma dy lyfr di.
Dyma dy restr siopa di.

Beth yw dy enw di? —————— *What is your name?*
Beth yw dy ebost di? —————— *What is your email?*
Beth yw dy rif ffôn di? —————— *What is your phone number?*
Beth yw dy broblem di? —————— *What is your problem?*

Ble mae dy ddosbarth di? —————— *Where is your class?*
Pryd mae dy ddosbarth di'n dechrau? *When does your class start?*
Pryd mae dy ddosbarth di'n gorffen? *When does your class finish?*
Pwy yw dy diwtor di? —————— *Who is your tutor?*

Aberystwyth 9.30 – 12.30 Wenna Williams	Tregaron 14.00 – 16.00 Delyth Davies	Crymych 18.00 – 21.00 Bethan Barker	Hwlffordd 1.30 – 3.30 Alun ap Aled
Caerfyrddin 19.00 – 21.00 Rhys Rhisiart	Llanelli 9.00 – 13.00 Pedr Parri	Abertawe 14.15 – 17.00 Wil Williams	Port Talbot 9.00 – 12.00 Teleri Tomos
Caerdydd 10.00 – 14.30 Llinos Lloyd	Merthyr Tudful 18.30 – 21.00 Catrin Carter	Casnewydd 9.15 –12.45 Llion Llwyd	Y Barri 9.45 – 13.15 Dewi Dafydd

Diddordebau

Be dych chi'n hoffi ei wneud yn eich amser sbâr? /
Beth wyt ti'n hoffi ei wneud yn dy amser sbâr?

Enw	diddordeb

Ynganu – Y Treiglad meddal

Ydy dy **d**eulu di'n mynd i **d**eithio i **D**reorci?

Ydy dy **g**ariad di'n mynd i **G**aerdydd i **g**anu?

Ydy dy **b**lant di'n mynd i **B**ontypridd i **b**rynu'r **b**êl **b**inc?

Ydy dy **f**òs di'n mynd i **f**yw i **F**edwas?

Ydy dy **dd**eintydd di'n mynd i **Dd**inas Powys i **dd**ysgu Cymraeg?

Ydy dy **ŵ**r/**w**raig di'n mynd i **W**ynedd i **w**eld yr **a**rdd?

Ydy dy **f**am di'n mynd i **F**achynlleth i **f**eddwl?

Ydy dy **l**ysferch di'n mynd i **l**enwi tanc y Lamborghini?

Ydy dy **r**ieni di'n mynd i **R**iwbeina i **r**edeg ras?

Sgwrs – Chi a Ti

A: Ble mae eich tei chi?
B: Pa dei?
A: Eich tei du chi.
B: Dw i ddim yn cofio.
A: Ydy e yn eich tŷ chi?
B: Fallai, ond fallai ddim.

A: Neu gyda eich tad chi?
B: Dw i ddim yn siŵr.
A: Bobl bach! Ydy eich tei du chi yn eich tŷ chi neu gyda eich tad chi?
B: Does dim syniad gyda fi.

Nawr gyda'ch partner, newidiwch (*change*) y ddeialog o **chi** i **ti**

Robin Radio

a) Atebwch:

Ble roedd Twm yn byw?

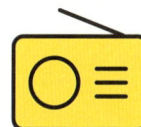

....

Faint o blant sy gyda Twm?

....

Beth yw gwaith newydd Twm?

....

b) Gwrandewch am:

Ydw i'n eich nabod chi? ———————— *Do I know you?*
Dw i newydd symud yn ôl. ———————— *I have just moved back.*
ers llawer dydd ———————— *since ages / a long time ago*

c) Cyfieithwch:

Where is your house? ....

How old are your children? ....

What is your new job? ....

Help llaw

1. *The possessive pronoun* **dy** *(your, informal) is always followed by the soft mutation.*

dy dŷ di	**dy ddrws di**	**dy fam di**
dy gar di	**dy ardd di**	**dy lyfr di**
dy bapur wal di	**dy feic di**	**dy rieni di**

2. *No mutation follows* **eich** *(your, formal & plural).*

3. *You will hear both of the following:*

dy gar di	**dy gar**
eich car chi	**eich car**

Uned 21 (dau ddeg un) Dewch yma!

Nod: Cyfarwyddo/_Giving instructions_
(Codwch / Coda; Ewch / Cer, Dewch / Dere, Gwnewch / Gwna)

Geirfa

braich (breichiau)	_arm(s)_	**damwain (damweiniau)**	_accident(s)_
ceg(au)	_mouth(s)_	**lôn (lonydd)**	_lane(s)_
coes(au)	_leg(s)_		

bys(edd)	_finger(s)_	**prawf**	_test_
ces(ys)	_case(s)_	**tedi(s)**	_teddy bear(s)_
golau	_light_	**trwyn(au)**	_nose(s)_
lifft(iau)	_lift(s)_	**(y)sbwriel**	_rubbish_

brwsio	_to brush_	**gwisgo**	_to dress, to wear_
brysio	_to hurry_	**taro**	_to hit_
cyfieithu	_to translate_	**tynnu llun**	_to take a photo_
esgusodi	_to excuse_		

chwith	_left_	**gofalus**	_careful_
de	_right_	**gyferbyn**	_opposite_

Geiriau pwysig i fi

....
✕ ✕
....
✕ ✕
....

Dych chi'n cofio?

Cymraeg Dosbarth: Cod**wch**   Eistedd**wch**   Esgusod**wch** fi

Ynganu: Dwed**wch**

Robin Radio: Ateb**wch**   Gwrande**wch**   Cyfieith**wch**
    Peidi**wch**

Gwaith cartref: Ysgrifenn**wch**   Anfon**wch**   Ateb**wch**
    Darllen**wch**   Ffeindi**wch**   Llen**wch**
    Newidi**wch**   Gofynn**wch**

Dyma sut 'dyn ni'n dweud wrth bobl am wneud rhywbeth!

Chi

Codwch!	*Get up!*
Eisteddwch!	*Sit down!*
Symudwch!	*Move!*
Stopiwch!	*Stop!*

Yn y swyddfa: (chi)

Eisteddwch wrth y ddesg.	*Sit by the desk.*
Agorwch y post.	*Open the post.*
Edrychwch ar y papurau.	*Look at the papers.*
Darllenwch ebost.	*Read an email.*
Anfonwch ebost.	*Send an email.*
Siaradwch â'r bòs.	*Talk to the boss.*
Atebwch y ffôn.	*Answer the phone.*

Cyn mynd ar wyliau...

Paciwch eich cês.	*Pack your case.*
Codwch am bedwar o'r gloch.	*Get up at four o'clock.*
Cofiwch eich pasport.	*Remember your passport.*
Gyrrwch i'r maes awyr.	*Drive to the airport.*
Parciwch yn y maes parcio.	*Park in the car park.*
Ymlaciwch!	*Relax!*

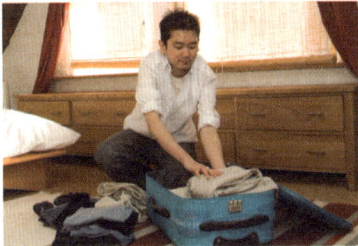

Gyda'ch partner, newidiwch y geiriau wedi eu tanlinellu (bob yn ail).
Change the underlined words (in turn).

Golchwch eich **gwallt** chi.
Ffoniwch eich **bòs** chi.
Bwytwch eich **swper** chi.
Smwddiwch eich **crys** chi.
Cofiwch eich **ffôn** chi.

OND.....

Rhedeg	**Rhedwch yn gyflym.**	*Run quickly.*
Cerdded	**Cerddwch yn araf.**	*Walk slowly.*
Yfed	**Yfwch eich dŵr chi.**	*Drink your water.*
Cymryd	**Cymerwch eich cerdyn chi.**	*Take your card.*
Gadael	**Gadewch neges.**	*Leave a message.*
Gwrando	**Gwrandewch ar y neges.**	*Listen to the message.*
Aros	**Arhoswch yma.**	*Wait here.*
Cau	**Caewch y drws.**	*Close the door.*
Rhoi	**Rhowch y sbwriel ma's.**	*Put the rubbish out.*

Gwrando

Gwrandwech ar y gorchmynion *(commands)*
ac ysgrifennwch rif y gorchymyn wrth y llun.

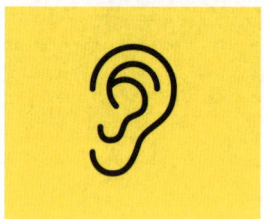

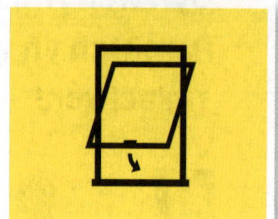

Byddwch yn ofalus. ————————	*Be careful.*
Byddwch yn dawel. ————————	*Be quiet.*
Byddwch yn barod. ————————	*Be ready.*
Byddwch yn dda. ————————	*Be good.*

Mynd	**Ewch i'r dde.**	*Go right.*
	Ewch i'r chwith.	*Go left.*
Dod	**Dewch yma.**	*Come here.*
	Dewch i mewn.	*Come in.*
Gwneud	**Gwnewch eich gwaith cartref.**	*Do your homework.*
	Gwnewch eich gorau.	*Do your best.*

Ti

Coda! ——————————————	*Get up!*
Eistedda! ————————————	*Sit down!*
Cerdda! —————————————	*Walk!*
Stopia! ——————————————	*Stop!*

Yn y tŷ: (ti)

Eistedda ar y soffa.	*Sit on the sofa.*
Edrycha ar y teledu.	*Watch television.*
Darllena'r papur.	*Read the paper.*
Ateba'r ffôn.	*Answer the phone.*
Siarada â Mam-gu.	*Talk to Granny.*

Cyn mynd i'r ysgol...

Coda o dy wely di.	*Get out of your bed.*
Rho dy dedi di ar y gwely.	*Put your teddy on the bed.*
Bwyta dy frecwast di.	*Eat your breakfast.*
Gwisga dy wisg ysgol di.	*Put on your school uniform.*
Golcha dy wyneb di.	*Wash your face.*
Brwsia dy ddannedd di.	*Brush your teeth.*
Pacia dy fag di.	*Pack your bag.*
Cofia dy waith cartref di.	*Remember your homework.*
Brysia!	*Hurry up!*

Bod	**Bydd yn ofalus.**	*Be careful.*
	Bydd yn dawel.	*Be quiet.*
Mynd	**Cer i'r dde.**	*Go right.*
	Cer i'r chwith.	*Go left.*
Dod	**Dere 'ma.**	*Come here.*
	Dere i mewn.	*Come in.*
Gwneud	**Gwna dy waith.**	*Do your work.*
	Gwna dy orau.	*Do your best.*

Symudwch eich corff chi!/Symuda dy gorff di!

Codwch!	Coda!
Codwch eich braich dde chi.	Coda dy fraich dde di.
Codwch eich braich chwith chi.	Coda dy fraich chwith di.
Codwch eich coes dde chi.	Coda dy goes dde di.
Rhowch eich coes dde chi i lawr.	Rho dy goes dde di i lawr.
Symudwch eich coes chwith chi.	Symuda dy goes chwith di.
Symudwch eich troed dde chi.	Symuda dy droed dde di.
Rhowch eich bys ar eich trwyn chi.	Rho dy fys ar dy drwyn di.
Rhowch eich bys ar eich ceg chi.	Rho dy fys ar dy geg di.
Rhowch eich llaw dde ar eich pen chi.	Rho dy law dde ar dy ben di.
Trowch o gwmpas.	Tro o gwmpas.
Eisteddwch!	Eistedda!

braich

coes

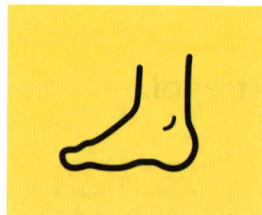
troed

bys

trwyn

ceg

pen

llaw

Penwythnos i ffwrdd yng Nghymru

	chi	ti
Ble > mynd?		
Pryd > mynd?		
Sut > mynd?		
Ble > aros?		
Beth > bwyta?		
Beth > yfed?		
Ble > cerdded?		
Sut > dod adre?		

Peidiwch!	*Don't!*	**Paid!**
Peidiwch â gyrru'n gyflym.	*Don't drive quickly.*	**Paid â gyrru'n gyflym.**
Peidiwch â thalu.	*Don't pay.*	**Paid â thalu.**
Peidiwch â chodi.	*Don't get up.*	**Paid â chodi.**
Peidiwch â pharcio.	*Don't park.*	**Paid â pharcio.**
Peidiwch ag agor y drws.	*Don't open the door.*	**Paid ag agor y drws.**

Mewn parau, edrychwch ar y lluniau a dewiswch orchmynion:
i) Peidiwch ii) Paid.

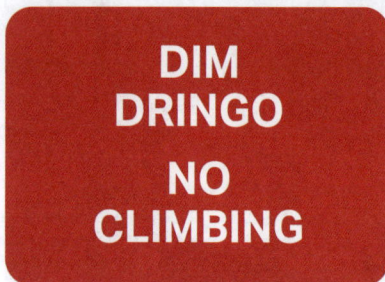

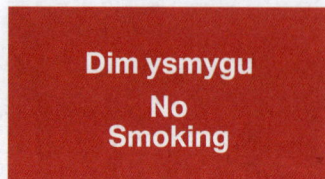

DIM DRINGO
NO CLIMBING

DIM PARCIO DROS NOS
NO OVERNIGHT PARKING

Dim ysmygu
No Smoking

DIM NOFIO
NO SWIMMING

Ynganu – Darllenwch y ddeialog yma:

A: Prynhawn da, Theatr De Cymru.

B: Prynhawn da. Ydy hi'n bosib prynu dau docyn i'r ddrama nos yfory, os gwelwch chi'n dda?

A: Ydy, wrth gwrs. Ble dych chi eisiau eistedd?

B: Dw i ddim yn siŵr. Mae fy nhad i'n hen, a dyw e ddim yn gallu cerdded yn dda.

A: Eisteddwch wrth y drws, mae digon o docynnau ar gael.

B: Hyfryd. 'Dyn ni'n mynd i gyrraedd tua chwarter wedi saith.

A: Dewch i'r ddesg a bydd rhywun yma i'ch helpu chi.

B: Diolch yn fawr i chi. Mae'r staff bob amser yn hyfryd iawn.

A: Mwynhewch y ddrama a diolch am ffonio.

Sgwrs

Arholwr:
Reit, <u>trowch</u> i'r dde yma.
<u>Ewch</u> ma's o'r maes parcio.
<u>Ewch</u> yn araf.
<u>Gyrrwch</u> yn ofalus!
<u>Arafwch</u>...
<u>Peidiwch</u> ag edrych ar eich ffôn chi!
<u>Edrychwch</u> ar y ffordd!
<u>Arafwch</u>...
<u>Arhoswch</u> wrth y...
<u>Brêciwch</u> nawr!
<u>Stopiwch</u>!
<u>Parciwch</u> yma – nawr!

Mr Evans: Ydw i wedi pasio?
Arholwr: Pasio? Nac <u>ydych</u> wir!
Mr Evans: Pam?
Arholwr: Pam? <u>Dych chi</u> wedi taro wal a <u>stopioch chi</u> ddim wrth y golau coch. Dw i'n teimlo'n dost!
Mr Evans: Ond chaethon ni ddim damwain.
Arholwr: <u>Ewch</u> adre wir, Mr Evans, ar y bws.
Mr Evans: O wel, diolch yn fawr. Gwela i chi y tro nesa.
Arholwr: Dim diolch - byth eto!

Gwylio – Dewch i Ruthun

Gwyliwch y fideo.

Y tro cynta, rhaid i chi gyfrif faint o weithiau dych chi'n clywed **ewch:**

....

Gwyliwch eto a nodwch y gorchmynion:

....

....

....

Robin Radio

a) Atebwch:

Beth fydd yn digwydd ym mis Awst?

....

Beth oedd Anti Mair yn wisgo yn y lluniau?

....

Ble mae Stiwdio Radio Rocio?

....

b) Gwrandewch am:

Roeddech chi'n sôn... ——————— *You were saying...*
ers y dechrau ——————— *from the start*
gyferbyn â'r llyfrgell ——————— *opposite the library*

c) Cyfieithwch:

I have a present for Anti Mair. ....

Where is the studio? ....

I will be in the studio tomorrow morning. ....

commands 1   commands 2

Help llaw

1. *To give a command or instructions, you need to find the stem of the verb. This will come in useful in many other grammatical patterns so it is worth taking the time to learn them thoroughly now.*

   *On the whole, if the verb finishes with a **consonant**, add the ending **-wch** or **-a** to the whole word:*

   Edrychwch/a, Darllenwch/a, Eisteddwch/a
   *If it finishes with a **vowel**, drop the last vowel before adding **-wch** or **-a**:*

   Codi > Codwch/Coda   **Bwyta>Bwytwch/Bwyta**
   Ffonio>Ffoniwch/Ffonia   **Ymlacio>Ymlaciwch/Ymlacia**
   However, there are some irregular stems which you need to learn.
   *If a verb ends in **-ed** or **-eg**, this ending will be dropped. 'Eds will roll and egs will smash'!*

   Cerdded>Cerddwch/Cerdda
   Rhedeg>Rhedwch/Rheda
   Some verbs have slightly different informal commands:
   Troi > Trowch/Tro
   Rhoi > Rhowch/Rho

2. *As usual, the verbs **mynd, dod** and **gwneud** are irregular:*

Mynd > Ewch (*sometimes* **Cerwch)**	**Cer**
Dod > Dewch	**Dere**
Gwneud > Gwnewch	**Gwna**

3. **Peidio â** – *(not to) is ... followed by the infinitive of the verb and an Aspirate Mutation (an added **H**) following the letters **T, C** and **P**.*

   Peidiwch â mynd.
   Peidiwch â thalu.
   Paid â chodi.
   Paid â phoeni.

4. **Â** *becomes **ag** before a vowel:*
   Paid ag agor y drws.

Uned 22 (dau ddeg dau) – Yn y gwaith

Nod: Siarad yn y gwaith ac adolygu unedau 16-21/
Speaking in work and revision of units 16-21
(Pwy sy...? Beth sy..? Faint sy...?)

Geirfa

afon(ydd)	river(s)	**pont(ydd)**	bridge(s)

cwrs (cyrsiau)	course(s)	**parti (partïon)**	party (parties)
ffigwr (ffigyrau)	figure(s)	**pentref(i)**	village(s)
gwerth	worth		

dangos	to show	**rheoli**	to manage

arbennig	special	**llawn**	full

dim byd	nothing	**neb**	nobody
erioed	never	**o gwbl**	at all
heb	without	**rhwng**	between
		rhyw (rhai)	some

Geiriau pwysig i fi

....
✗ ✗
....
✗ ✗
....

Gêm o gardiau

	♠	♦	♣	♥
A	Sut bydd y tywydd yfory?	Faint o'r gloch wyt ti'n bwyta dy ginio fel arfer?	Beth o'ch chi'n hoffi ei wneud pan o'ch chi'n blentyn?	Beth yw enw'r dyn drws nesa?
2	Beth wnaethoch chi ddoe?	Ble byddi di'n mynd yfory?	Oes anifeiliaid anwes gyda chi?	Beth yw enw dy ffrind gorau di?
3	Beth yw/oedd enw dy fòs di?	Sut mae'r tywydd heddiw/heno?	Ble bydd y plant dydd Llun nesa?	Faint o'r gloch dych chi'n codi fel arfer?
4	O ble dych chi'n dod yn wreiddiol?	Dwedwch rywbeth am eich gwaith chi.	Sut roedd y tywydd ddoe?	Beth yw lliw dy gar di?
5	Dwedwch rywbeth am ffrind.	Beth wnaethoch chi neithiwr?	Am faint o'r gloch wyt ti'n bwyta dy frecwast fel arfer?	Beth fyddwch chi'n ei wneud nos Sul?
6	Am faint o'r gloch mae eich cloc larwm chi'n canu?	Beth yw dy enw di? (enw 1af)	Ble byddwch chi dydd Nadolig?	Beth yw/oedd eich gwaith chi?
7	Beth fydd y plant yn ei wneud yfory?	Faint o'r gloch codoch chi dydd Sadwrn?	Beth yw enw'r fenyw drws nesa?	Beth dych chi'n ei hoffi ar y teledu?
8	Am faint o'r gloch dych chi'n mynd i gysgu fel arfer?	Ble aethoch chi i'r ysgol?	Beth fyddi di'n ei wneud y penwythnos nesa?	Faint yw pris peint o gwrw mewn tafarn?
9	Oes teulu gyda chi?	Ble dych chi'n byw?	Beth wnaethoch chi y penwythnos diwetha?	Beth yw lliw dy esgidiau di?
10	Gyda phwy dych chi'n siarad Cymraeg?	Beth yw lliw dy lygaid di?	O ble mae dy deulu di'n dod?	Sut daethoch chi yma heddiw?
Jac	Ble byddwch chi'n mynd ar wyliau nesa?	Beth yw lliw esgidiau'r tiwtor?	Sut bydd y tywydd yn Siberia heno?	Pryd dych chi'n siarad Cymraeg?
Brenhines	Beth yw eich enw chi? (enw llawn)	Beth fyddwch chi'n ei wneud y mis nesa?	Beth wnaethoch chi neithiwr?	Ble dych chi'n siarad Cymraeg?
Brenin	Faint yw pris paned o goffi mewn caffi?	Sut bydd y tywydd yn y Sahara yfory?	Ble aethoch chi ar eich gwyliau diwetha chi?	Beth dych chi'n hoffi ei wneud yn eich amser sbâr chi?

Sgwrs 1

Gwrandewch ar y sgwrs a llenwch y grid

Ar goll	Ble?

Ceri:	Bore da, Ms Davies-Hughes. Sut roedd y daith yma heddiw?	**Ms. D-H:**	Ble mae fy ffeiliau i?
		Ceri:	<u>Yn y cwpwrdd ffeiliau</u>.
Ms. D-H:	Roedd y traffig yn ofnadwy unwaith eto. Mae'n gas gyda fi yrru ar y ffordd fawr ar fore Llun. A dweud y gwir, mae'n gas gyda fi bob bore Llun.	**Ms. D-H:**	Dw i wedi colli fy ffôn symudol i. Wyt ti'n gwybod ble mae e?
		Ceri:	<u>Ar y bwrdd, dan eich post chi</u>.
Ceri:	Dych chi eisiau paned?	**Ms. D-H:**	A ble mae fy nghyfarfod cyntaf i y bore 'ma?
Ms. D-H:	Mewn munud. Ble mae fy mhost i?	**Ceri:**	Bydd eich cyfarfod Skype chi yn y swyddfa yma!
Ceri:	<u>Ar y ddesg</u>, yn eich swyddfa chi.	**Ms. D-H:**	Bendigedig!
		Ceri:	A bydd eich paned chi ar eich desg chi mewn munud.
Ms. D-H:	Ble mae fy mhapurau i?		
Ceri:	Mae rhai ar y silff wrth y ffenest, ac mae rhai ar y ddesg.	**Ms. D-H:**	Diolch yn fawr Ceri, rwyt ti'n werth y byd!

Gwerth y byd – *"worth the world"* – idiom fel *"worth your weight in gold"*.

Dych chi'n cofio?

- Pwy sy'n siarad? (RR uned 2)
- Beth sy'n bod? (RR uned 11)
- Beth sy'n digwydd? (Cymraeg dosbarth uned 12)
- Pwy sy'n gwneud y rhaglen? (RR uned 12)

Pwy sy'n gweithio heddiw? ——— *Who is working today?*
Gareth.

Pwy sy'n dod i'r briodas? ——— *Who's coming to the wedding?*
Pawb.

Pwy sy'n chwarae heno? ——— *Who is playing tonight?*
Wrecsam.

Pwy sy'n dysgu'r dosbarth? ——— *Who is teaching the class?*
Eleri Elis.

Pwy sy'n actio yn y ffilm? ——— *Who is acting in the film?*
Ioan Ifans.

Beth sy'n bod? ——— *What is the matter?*
Dim byd.

Beth sy'n digwydd? ——— *What is happening?*
Dim byd.

Faint sy'n mynd? ——— *How many are going?*
Neb.

Faint sy'n aros? ——— *How many are staying?*
Neb.

Pa gwestiwn sy'n mynd gyda pha lun?

Pwy sy'n protestio?   Pwy sy'n rhedeg y marathon?

Pwy sy'n gwneud y baned?   Pwy sy'n cael parti?

Beth sy'n bod?   Pwy sy'n siarad?

Pwy sy'n canu yn y cyngerdd?   Pwy sy'n chwarae'r gêm?

Pwy sy 'na?	—	Who is there?
Pwy sy ar y ffôn?	—	Who is on the phone?
Beth sy ar y teledu heno?	—	What is on television tonight?
Faint sy yn y dosbarth?	—	How many are in class?

Sgwrs 2

A: Fyddi di'n mynd i'r cyfarfod mawr yr wythnos nesa?

B: Dw i ddim yn siŵr. Pryd mae e?

A: Dydd <u>Mercher</u>.

B: Faint o'r gloch mae e'n dechrau?

A: <u>Chwech o'r gloch</u>.

B: Ble mae e?

A: Yn y gwesty mawr drws nesa i'r orsaf yn y dre. Ac mae swper wedyn gyda siaradwr.

B: Faint yw'r pris?

A: <u>Un deg pum punt</u>.

B: Gaf i lifft?

B: Cei, wrth gwrs.

B: Grêt. Bydda i'n cofrestru.

Gwrando

Llenwch y grid:

Beth	Amser dechrau * Defnyddiwch rifau * Use numbers	Pris
Barbeciw		
Ras Rafftiau		
Sioe Ffasiynau		
Sioe Flodau		
Noson Karaoke		

Siaradwch gyda'ch partner – ble dych chi eisiau mynd?
Wedyn ysgrifennwch ddeialog fach ar batrwm Sgwrs 2 am y digwyddiad yna.
Choose one event you would like to go to. Write a dialogue on the pattern of Sgwrs 2 about that event.

Sgwrs 3:

Pennaeth: Bore da bawb. Croeso i'r cyfarfod. Croeso arbennig i Twm Tomos o swyddfa Abercastell.

Twm Tomos: Diolch.

Pennaeth: Dych chi wedi bod yn Swyddfa Caerheli o'r blaen Twm?

Twm Tomos: Nac ydw.

Pennaeth: Twm, dyma Rhian, Ryan, Rhys, Rhodri a Rhiannon.

Twm Tomos: Siaradwch yn araf os gwelwch chi'n dda.

Pennaeth: Peidiwch â phoeni. Reit, mae problem fawr gyda ni. Dw i eisiau dechrau gyda'r ffigyrau yma. Edrychwch ar y graff.

Twm Tomos: O diar, dw i ddim yn deall graffiau yn dda iawn.

Pennaeth: Mae'n hawdd – mae'r ffigyrau gwerthu yn mynd lawr bob mis, yn arbennig ym mis Awst yn Abercastell. Beth sy'n bod, Twm?

Twm Tomos: Wel, dw i wedi bod ar fy mhen fy hun yn y swyddfa am ddau fis. Mae Gwyn wedi bod yn gweithio i ffwrdd.

Pennaeth: Ble mae Gwyn wedi bod yn gweithio?

Twm Tomos: Yma!

Pennaeth: Pam?

Twm Tomos: Achos dych chi wedi bod ar y cwrs "Ymlacio gyda Yoga" yn Madeira am fis.

Pennaeth: Dw i'n gweld. Reit, amser paned dw i'n meddwl. Wedyn 'dyn ni'n mynd i drafod y Parti Nadolig. Pwy sy'n trefnu'r bws?

Beth yw'r ateb?

1	Fydda i'n cael diwrnod i ffwrdd dydd Nadolig?	Bydd.
2	Fyddi di'n cael picnic ym mis Awst?	Byddwn.
3	Fydd hi'n wyntog yfory?	Byddan.
4	Fyddwn ni'n cael gwaith cartref yr wythnos yma?	Byddi.
5	Fyddwch chi yma yr wythnos nesa?	Byddwch.
6	Fydd y dosbarth yn edrych ar S4C dydd Sul?	Bydda.

work 1

Gwylio

Gwrandewch ar Gwilym Bowen Rhys yn canu 'Tŷ Bach Twt' a llenwch y bylchau.

Mae .... dipyn o .... bach twt,

O .... bach twt, o .... bach twt.

Mae .... dipyn o .... bach twt,

A'r gwynt i'r .... bob ....

Hei di ho, di hei di hei di ho,

A'r gwynt i'r .... bob ....

A............................ dipyn o gil y ....

O gil y .... , o gil y ....

A............................ dipyn o gil y .... ,

Gael gweld y .... a'r tonnau.

Hei di ho, di hei di hei di ho,

Gael gweld y .... a'r tonnau.

Ac yna byddaf yn llon .... myd,

Yn llon .... myd, yn llon .... myd.

Ac yna byddaf yn llon .... myd

A'r .... i'r .... bob ....

Hei di ho, di hei di hei di ho,

A'r .... i'r .... bob ....

Hei di ho, di hei di hei di ho,

A'r .... i'r .... bob ....

Robin Radio

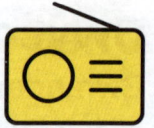

a) Atebwch:

Pwy yw Mr Richards?

....

Faint fydd oed Anti Mair y mis nesa?

....

Beth mae Mr Richards eisiau trefnu?

....

b) Gwrandewch am:

Mae hi wrth ei bodd. ————— *She is delighted.*
Dyw hi byth yn hwyr. ————— *She is never late.*
yma o hyd ————— *still here*

c) Cyfieithwch:

She isn't here yet. ....

She will be very sad. ....

Here he is now. ....

Help llaw

The use of **sy** *will be fully explained in the next coursebook, but for the time being, learn that it follows* **Pwy, Beth** *and* **Faint** *with verbs and prepositions:*

Pwy sy'n siarad?	**Pwy sy wrth y drws?**
Beth sy'n digwydd?	**Beth sy ar y teledu?**
Faint sy'n mynd?	**Faint sy yn y dosbarth?**

Uned 23 (dau ddeg tri) – Rhaid i fi

Nod: Siarad am orfod gwneud rhywbeth /
Talking about having to do something
(Rhaid i fi, Oes rhaid i fi?, Does dim rhaid i fi)

Geirfa

sigarét (sigaréts) - *cigarette(s)*

angor	*anchor*	**fideo(s)**	*video(s)*
cloc larwm	*alarm clock*	**iechyd**	*health*
eryr(od)	*eagle(s)*	**lliw haul**	*suntan*
		nwy	*gas*

caru	*to love*	**cytuno**	*to agree*
cychwyn	*to start*	**dathlu**	*to celebrate*
cyrraedd	*to arrive*	**dewis**	*to choose*

byr — *short*

ar lan…	*on the bank of…*	**os**	*if*
ar unwaith!	*at once!*	**unwaith**	*once*
mewn pryd	*in time*	**tu fa's (i)**	*outside*

Geiriau pwysig i fi

× ....

× ....

× ....

× ....

Rhaid i fi siopa yfory. ——————— *I must go shopping tomorrow.*

Rhaid i fi smwddio nos Sul. ——————— *I must do the ironing on Sunday night.*

Rhaid i fi bostio llythyr yr wythnos nesa. – *I must post a letter next week.*

Rhaid i fi brynu car newydd y flwyddyn nesa. — *I must buy a new car next year.*

Oes rhaid i ti fynd i gyfarfod heddiw? —— *Do you have to go to a meeting today?*

Oes rhaid i ti lenwi'r tanc petrol heno? —— *Do you have to fill the petrol tank tonight?*

Oes rhaid i ti weithio yr wythnos nesa? — *Do you have to work next week?*

Oes rhaid i ti dalu'r bil treth y mis nesa? — *Do you have to pay the tax bill next month?*

Oes. ☑ **Nac oes.** ☒

Does dim rhaid i ni dalu bil heddiw. ——— *We don't have to pay a bill today.*

Does dim rhaid i ni brynu petrol heddiw. - *We don't have to buy petrol today.*

Does dim rhaid i chi fynd i'r cyfarfod. ——— *You don't have to go to the meeting.*

Does dim rhaid i chi weld y deintydd. ——— *You don't have to see the dentist.*

Taith Dosbarth

Siaradwch! Ble dych chi'n gallu mynd fel dosbarth i ymarfer Cymraeg cyn diwedd y flwyddyn? Rhaid i chi feddwl am ddau opsiwn: Defnyddiwch **Rhaid i ni**. Wedyn byddwch chi'n dewis!

Rhaid i Marc weithio dydd Sadwrn. ——— *Marc must work on Saturday.*

Rhaid i Mari weithio dydd Sul. ——— *Mari must work on Sunday.*

Rhaid iddo fe ffonio ffrind. ——————— *He must phone a friend.*

Rhaid iddo fe dalu bil. ——————— *He must pay a bill.*

Rhaid iddi hi brynu car newydd. ——— *She must buy a new car.*

Rhaid iddi hi fynd at y deintydd. ——— *She must go to the dentist.*

Rhaid i'r plant fynd i'r ysgol. ——— *The children must go to school.*

Rhaid iddyn nhw ddarllen. ——————— *They must read.*

Rhaid iddyn nhw chwarae yn yr iard. ——— *They must play in the yard.*

nhw		dydd Sadwrn
Carwyn		nawr
y ffans		yfory
fe		nawr
y babi		bore Llun
y plant		dydd Gwener
hi		nawr
fe		heno

Ymarfer

smwddio
torri'r lawnt
garddio
siopa
peintio'r tŷ
golchi'r car
mynd â'r plant i barti
golchi dillad
llenwi'r tanc petrol
coginio cinio dydd Sul
dysgu

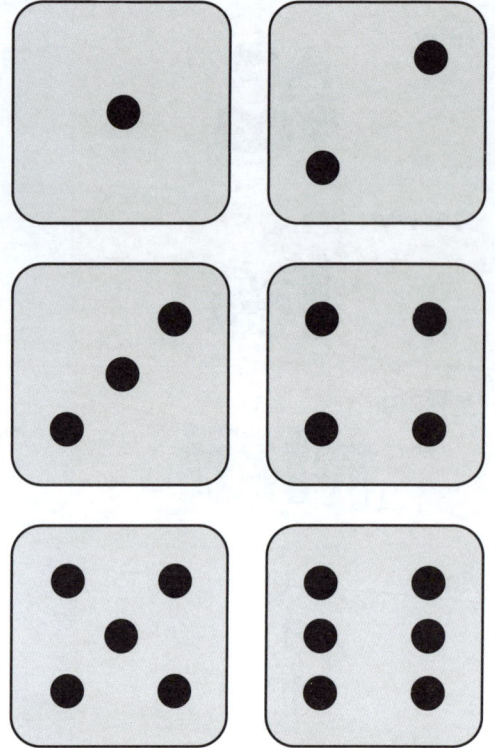

1 – fi   3 – fe   5 – chi
2 – ti   4 – hi   6 - nhw

Mae'r gath yn dost.		Rhaid iddo fe fynd at y barbwr.
Dyw'r car ddim yn cychwyn.		Rhaid iddo fe brynu tsili coch.
Dw i eisiau gwneud Tai Kwando.		Rhaid i ti ffonio'r garej nawr.
Collodd y plant y bws eto y bore 'ma.		Rhaid i ti wisgo dillad haf.
Dw i eisiau bwyta tapas.		Rhaid i ni ymarfer siarad bob dydd.
'Dyn ni ar gwrs Cymraeg.		Rhaid iddi hi fynd at y fet.
Dw i'n teimlo'n dwym.		Rhaid i ti symud i Sbaen.
'Dyn ni eisiau mynd ar saffari.		Rhaid i ti wisgo helmed.
Mae Carl eisiau coginio cyrri.		Rhaid iddyn nhw gael cloc larwm.
Mae Bob eisiau gwallt byr.		Rhaid i chi fynd i Affrica.

Rhaid i fi beidio â smocio.	*I mustn't smoke.*
Rhaid i fi beidio â siarad Saesneg.	*I mustn't speak English.*
Rhaid i fi beidio â bwyta gormod.	*I mustn't eat too much.*
Rhaid i fi beidio â bod yn hwyr.	*I mustn't be late.*

Sgwrs

Eryl: Dw i'n caru Tad-cu, ond mae e'n grac iawn heddiw.

Jo: Ydy, mae e wedi bod at y doctor. Mae tipyn bach o beswch arno fe.

Eryl: Beth ddwedodd y doctor?

Jo: Rhaid iddo fe stopio smocio.

Eryl: Dw i'n cytuno, mae sigaréts yn ddrud, ac mae peswch arno fe ers wythnosau.

Jo: Canu gormod yn y clwb ar ôl y gêm rygbi, yn ôl Tad-cu.

Eryl: Rhaid iddo fe stopio mynd i'r clwb i edrych ar y rygbi.

Jo: Dyw e ddim yn edrych ar y gêm, mae e'n chwarae i'r tîm dros wyth deg oed!

Eryl: Chwarae? Ond mae e'n naw deg saith! Rhaid iddo fe stopio chwarae rygbi ar unwaith!

Jo: Roedd y doctor yn cytuno...

Eryl: Wel, iechyd da i Tad-cu, beth bynnag!

Iechyd da – idiom: *Literally "Good Health" but idiomatically "Cheers!"*

Ynganu

A: **Prynhawn da, dych chi'n iawn?**

B: Mae tipyn o broblem gyda fi a dweud y gwir. Dw i ddim yn gwybod ble mae fy nghar i.

A: **Ydy e yn y maes parcio mawr?**

B: Nac ydy. Parciais i ar y stryd, tu fa's i siop bapurau.

A: **Pa siop bapurau? Mae pedair siop yn yr ardal.**

B: Maen nhw'n adeiladu tai newydd dros y ffordd, os dw i'n cofio'n iawn.

A: **A, Siop Ifan. Mae hi rownd y gornel yma. Ond brysiwch. Dim ond am hanner awr mae'n bosib parcio ar y stryd yna.**

B: Hanner awr? O na! Dw i wedi parcio'r car ers chwarter i naw. Rhaid i fi fynd.

Gwylio – "Os dych chi'n dod i Gaernarfon…"

Edrychwch ar y fideo. Rhowch y brawddegau mewn trefn:

Siarad Cymraeg â phobl newydd
Gweld Lloyd George
Mynd i weld y castell
Gweld yr angor
Cerdded ar lan Afon Menai

Edrych ar yr eryr
Mynd i'r siop lyfrau
Prynu paned neu beint yn Gymraeg
Mynd i'r maes

Heb edrych ar y llyfr, gyda'ch partner, trïwch gofio beth mae'n rhaid i chi wneud yng Nghaernarfon.

Robin Radio

a) Atebwch:

Pam mae Anti Mair yn hwyr?

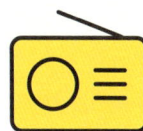

....

Pam mae Llinos yn yr ysbyty?

....

Beth mae Llinos yn ei wneud heno?

....

b) Gwrandewch am:

Dych chi i fod yma. ———————— *You are supposed to be here.*
Mae'n ddrwg gyda fi mod i'n hwyr. —— *I'm sorry I'm late.*
Roedd rhaid i fi fynd. ——————— *I had to go.*

c) Cyfieithwch:

Llinos must work. ....

I don't have to! ....

You must make a cuppa. ....

Help llaw

1. *Here is the verb pattern for* **Rhaid** *in full:*

Rhaid i fi	**Rhaid i ni**
Rhaid i ti	**Rhaid i chi**
Rhaid iddo fe	**Rhaid iddyn nhw**
Rhaid iddi hi	

The question form is **Oes rhaid i fi?** *etc. and the negative is* **Does dim rhaid i fi.**

2. *The* **treiglad meddal** *following the pattern* **Rhaid i fi** *is caused by the* **i***:* **Rhaid i fi fynd.**

3. *There is no* **yn** *in this pattern.*

4. **MAE rhaid i fi/ i ti /iddo fe** *etc is the full pattern but the word* **MAE** *is mainly dropped in speech. However* **ROEDD rhaid i fi** *(as heard in* **Robin Radio***) is essential to show that you are talking about the past. We will practise this pattern in the next revision unit.*

5. **Mynd at y doctor/ mynd i'r ysbyty** – *In Welsh there are two forms of "going to":*

Mynd i'r gwaith/i'r swyddfa	**mynd + i + lle**
Mynd at y doctor	**mynd + at + person**

6. *Look at the difference between*

Rhaid i fi beidio. ————————	*I must not.*
Does dim rhaid i fi. ————————	*I don't have to.*

must & not

Uned 24 (dau ddeg pedwar) – Cyn ac ar ôl

Nod: Siarad am gyfres o ddigwyddiadau yn eu trefn
Talking about a series of events in sequence
(Cyn i fi, Ar ôl i fi)

Geirfa

Cymraes	menyw o Gymru	**sêl cist car**	*car boot sale*
losin	*sweets*	**stondin(au)**	*stall(s)*
Saesnes	menyw o Loegr		

ambiwlans	*ambulance*	**syched**	*thirst*
Cymro (Cymry)	dyn o Gymru (pobl o Gymru)	**Sais (Saeson)**	dyn o Loegr (pobl o Loegr)
gyrrwr (-wyr)	*driver(s)*	**tegan(au)**	*toy(s)*
oriawr	*watch*	**tegell**	*kettle*
paent	*paint*	**tŷ bach**	*toilet*

gweddol	*so-so*

berwi	*to boil*	**deffro/dihuno**	*to wake up*
bwydo	*to feed*	**meindio**	*to mind*
cuddio	*to hide*	**methu**	*to fail*

achos	*because*	**parod**	*ready*

Geiriau pwysig i fi

....
✗   ✗
....
✗   ✗
....

Ar ôl

Pryd dechreuoch chi ddysgu Cymraeg?	*When did you start learning Welsh?*
Ar ôl i fi ddechrau'r ysgol.	*After I started school.*
Ar ôl i fi gael swydd newydd.	*After I got a new job.*
Ar ôl i fi symud i Gymru.	*After I moved to Wales.*
Ar ôl i fi gwrdd â fy mhartner.	*After I met my partner.*
Ar ôl i fi gael plant.	*After I had children.*
Ar ôl i fi ymddeol.	*After I retired.*

	y tiwtor	fi		
codi				
cael cawod				
bwyta brecwast				
mynd i'r tŷ bach				
edrych ar y we/ffôn/cyfrifiadur				
brwsio dannedd				
edrych ar y teledu				
darllen papur				
bwydo'r ci/y gath/y plant				
gwisgo				
codi'r plant				
golchi gwallt				
mynd â'r ci am dro				
yfed paned				
mynd â'r plant i'r ysgol				
mynd i'r dre				
mynd i'r gwaith				

Cyn

Cyn i fi agor y drws, rhaid i fi ffeindio'r allwedd.	*Before I open the door, I must find the key.*
Cyn i fi fynd adre, rhaid i fi orffen y gwaith.	*Before I go home, I must finish the work.*
Cyn i fi fynd i'r parti, rhaid i fi brynu anrheg.	*Before I go to the party, I must buy a gift.*
Cyn i fi yrru car, rhaid i fi basio fy mhrawf.	*Before I drive a car, I must pass my test.*

Cysylltwch y lluniau a dwedwch frawddegau:

marathon

stamp

swper

tegell

llythyr

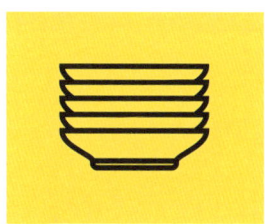

llestri

paned

ymarfer

parcio

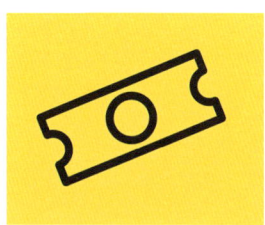

tocyn

Rhaid i Rhys fynd adre.	*Rhys must go home.*
Ar ôl iddo fe gyrraedd adre, rhaid iddo fe smwddio.	*After he arrives home, he must do the ironing.*
Rhaid i Rhian fynd adre.	*Rhian must go home.*
Ar ôl iddi hi gyrraedd adre, rhaid iddi hi ffonio Mam-gu.	*After she arrives home, she must phone Granny.*
Rhaid i Rhian a Rhys fynd adre.	*Rhian and Rhys must go home.*
Ar ôl iddyn nhw gyrraedd adre, rhaid iddyn nhw ymlacio.	*After they arrive home, they must relax.*

Noson Nefyl

Neithiwr aeth Nefyl ma's am saith o'r gloch.

.... fynd ma's, aeth e i'r dafarn.

.... gyrraedd y dafarn, cafodd e fwyd.

.... **gwelodd e Delyth.**

.... **edrychodd e ar yr oriawr.**

.... **aeth e i godi Llinos o'r orsaf.**

Bore Beti

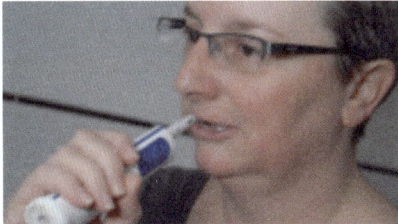  

1. ....

2. ....

3. ....

4. ....

5. ....

6. ....

Pryd byddi di'n mynd adre?

Ar ôl i'r dosbarth orffen. ——————— *After the class finishes.*

Ar ôl i'r ffilm orffen. ——————— *After the film finishes.*

Ar ôl i'r bws gyrraedd. ——————— *After the bus arrives.*

Ar ôl i'r dafarn gau. ——————— *After the pub shuts.*

Pryd bydd y plant gartre?		**Ar ôl i'r pitsa gyrraedd.**
Pryd byddwn ni'n prynu car newydd?		**Ar ôl i'r larwm ganu.**
Pryd byddi di'n nôl llaeth?		**Ar ôl i'r siec loteri gyrraedd.**
Pryd bydd y parti'n gorffen?		**Ar ôl i'r tegell ferwi.**
Pryd byddwch chi'n nôl arian?		**Ar ôl i'r ysgol orffen.**
Pryd byddwch chi'n bwyta heno?		**Cyn i'r banc gau.**
Pryd 'dyn ni'n mynd i gael paned?		**Ar ôl i'r heddlu gyrraedd.**
Pryd byddi di'n codi yfory?		**Ar ôl i'r car fethu'r MOT eto.**
Pryd byddi di'n ymddeol?		**Ar ôl i'r siop agor.**

Ynganu

A: Noswaith dda. Sut dych chi heno?

B: Wedi blino. Roedd hi'n brysur iawn yn y gwaith heddiw.

   Ar ôl i fi ddod adre cysgais i am awr ar y soffa.

A: Ble dych chi'n gweithio?

B: Dw i'n gweithio fel gyrrwr ambiwlans yn yr ysbyty.

A: Pryd dechreuoch chi?

B: Tair wythnos a hanner yn ôl, ar ôl i fi orffen fy nghwrs coleg.

A: Dych chi'n mwynhau'r gwaith?

B: Dim llawer. Dw i'n symud i swydd newydd cyn bo hir.

Gwrando

Rhowch lythyren yr ateb cywir yn y bocs:
Put the letter of the correct answer in the box:

1. Ble mae Catrin yn mynd?

a

b

c

ch

2. Pryd mae Catrin yn rhedeg y ras?

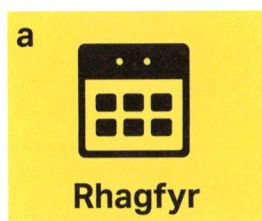

a
Rhagfyr

b
yfory

c
Mai

ch
Ebrill

3. Beth mae Aled yn hoffi ei wneud nawr?

a

b

c

ch

4. I bwy mae'r Clwb Seiclo'n codi arian ddydd Sadwrn?

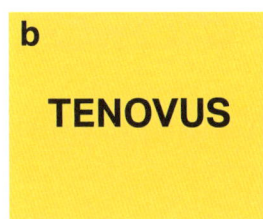

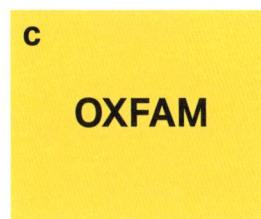

a
NSPCC

b
TENOVUS

c
OXFAM

ch
RSPCA

5. Ble mae ras Aled yn gorffen?

a

< WRECSAM

b

< Y DRENEWYDD

c

< LLANIDLOES

ch

< LLANDRINDOD

6. Faint o ferched sy yn y Clwb Seiclo?

a

10

b

20

c

30

ch

40

7. Beth mae Catrin yn mynd i'w wneud am 1.30?

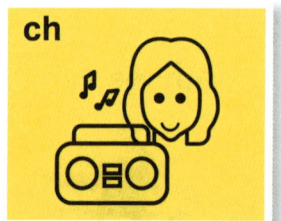

a

b

c

ch

8. Beth mae Aled yn ei brynu yn siop y garej?

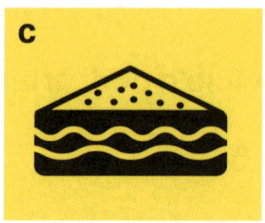

a

b

c

ch

Sgwrs – Yn y Sêl Cist Car

Carys: Gaf i barcio fy nghar i yma?

Bill: Cewch, wrth gwrs. Dych chi wedi bod mewn sêl cist car o'r blaen?

Carys: Nac ydw, ond cyn i ni symud tŷ mae'n syniad da i ni werthu tipyn o bethau.

Bill: I ble dych chi'n symud?

Carys: I Aberystwyth.

Bill: Braf iawn. Ro'n i'n arfer byw yn Aberystwyth. Dyna ble dysgais i Gymraeg.

Carys: Dych chi wedi dysgu Cymraeg? Dych chi'n siarad yn wych!

Bill: Diolch! Sais dw i o Chesterfield, ond dysgais i ar ôl i fi gwrdd â fy ngwraig i. Cymraes yw hi, o Grymych.

Carys: O Grymych! Byd bach, mae fy mam-gu i o sir Benfro hefyd.

Bill: Mae'r plant yn hoffi mynd ar wyliau i sir Benfro, mae'r traethau'n fendigedig yna. Gaf i helpu gyda'r bocsys?

Carys: Diolch yn fawr. Carys dw i. Diolch am eich help chi.

Bill: Croeso, Bill dw i. Ar ôl i ni gario'r bocsys o'r car, dych chi eisiau paned o de? Mae fflasg gyda fi yn y car!

Dych chi nawr yn gallu darllen *Stryd y Bont* gan Manon Steffan Ros. Dych chi'n gallu prynu'r llyfr yn eich siop Gymraeg leol chi neu ar www.gwales.com.

Dyma'r clawr (*cover*) ac un paragraff:

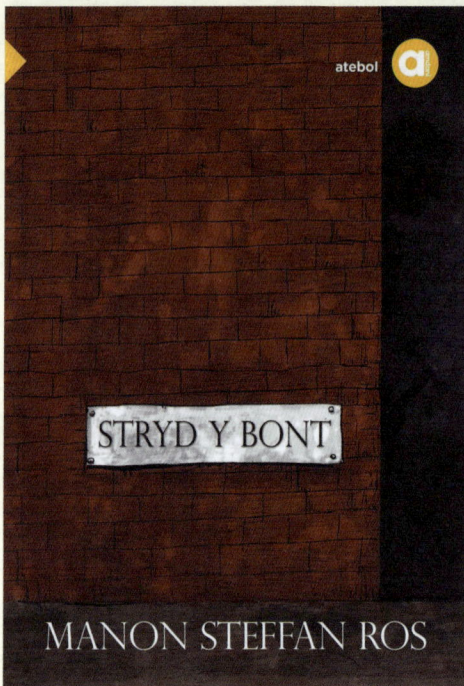

Dydd Gwener, 6.12pm

Mae Sioned yn cerdded drwy'r drws. Mae Rhif 1, Stryd y Bont yn dywyll, ac mae Sioned wedi blino ar ôl diwrnod prysur yn y gwaith. Mae hi'n tynnu ei hesgidiau, ac yn tynnu ei chot.

tywyll – *dark*

order

Robin Radio

a) Atebwch:

Pam roedd Gwen yn hwyr yn dod adre? ....

Pam aeth gŵr Gwen i'r banc? ....

Pam mae Gwen yn ffonio Radio Rocio? ....

b) Gwrandewch am:

Roedd olwyn fflat gyda fi. —— *I had a flat tyre.*
Pen-blwydd priodas hapus! — *Happy anniversary!*
Mwynhewch y noson! ——— *Enjoy the evening!*

c) Cyfieithwch:

After the mechanic arrived... ....

They didn't take cards. ....

After I saw the flowers... ....

Help llaw

This pattern is very similar to **Rhaid**.

1. *Here is the verb pattern for* **Cyn/Ar ôl** *in full:*

Cyn/Ar ôl i fi	**Cyn/Ar ôl i ni**
Cyn/Ar ôl i ti	**Cyn/Ar ôl i chi**
Cyn/Ar ôl iddo fe/iddi hi	
Cyn/Ar ôl i Eryl	**Cyn/Ar ôl iddyn nhw**

2. *Again, the* **treiglad meddal** *following the pattern* **Cyn/Ar ôl i fi** *is caused by the* **i**: **Cyn i fi fynd.**

3. *Again, there is no* **yn** *in this pattern. e.g.* **Ar ôl i fi ymddeol.**

4. *There is no difference between past, present and future. Look at the rest of the sentence to work out the tense.*
Before I go/Before I went = **Cyn i fi fynd.**
After I go/After I'd gone = **Ar ôl i fi fynd.**

Uned 25 (dau ddeg pump) – Mae bwyd yn y caffi

Nod: Gofyn am bethau mewn caffi/
Asking for things in a café
(Mae bwyd, Oes bwyd? Does dim bwyd.
Mae'r bwyd... Ydy'r bwyd...? Dyw'r bwyd ddim...)

Geirfa

bwydlen(ni)	*menu(s)*	**gwraig tŷ**	*housewife*

adeiladwr (-wyr)	*builder(s)*	**dwyrain**	*east*
bwletin	*bulletin*	**garddwr (-wyr)**	*gardener(s)*
bwyty (bwytai)	*restaurant(s)*	**gorllewin**	*west*
cerddor(ion)	*musician(s)*	**gweithiwr**	*worker(s)*
cig eidion	*beef*	**(gweithwyr)**	
cig moch/bacwn	*bacon/pork*	**gwleidydd(ion)**	*politician(s)*
cig oen	*lamb (cig)*	**gŵr tŷ**	*househusband*
cyw iâr	*chicken*	**gwynt(oedd)**	*wind(s)*
darn(au)	*piece(s)*	**Pasg, y**	*Easter*
diwrnod(au)	*day(s)*	**porc**	*pork*
		pryd(au)	*meal(s)*

adeiladu	*to build*

agos	*close*	**gwan**	*weak*
eitha	*fairly, quite*	**hoff**	*favourite*

unman	*nowhere*	**ychydig**	*a little, a few*
rheina	*those*		

Geiriau pwysig i fi

× ....   × ....

× ....   × ....

Yn y caffi

Sut mae'r bwyd yn y caffi?
Mae'r te'n oer. ——————————— *The tea is cold.*
Mae'r brechdanau'n ffres. ——————— *The sandwiches are fresh.*
Mae'r coffi'n gryf. ——————————— *The coffee is strong.*
Mae'r cacennau'n flasus. ——————— *The cakes are tasty.*

Ydy'r te'n oer?   *Is the tea cold?*   **Nac ydy.**
Ydy'r coffi'n dda?   *Is the coffee good?*   **Ydy.**
Ydy'r cacennau'n flasus? *Are the cakes tasty?* **Ydyn.**
Ydy'r staff yn dda?   *Are the staff good?*   **Nac ydyn.**

Siaradwch

Siaradwch am dŷ bwyta yn yr ardal.
Gofynnwch gwestiynau i'ch partner.

Dyw'r bwyd ddim yn barod. ——————— *The food isn't ready.*
Dyw'r brechdanau ddim yn barod. — *The sandwiches aren't ready.*
Dyw'r te ddim yn boeth. ——————— *The tea isn't hot.*
Dyw'r cyrri ddim yn boeth. ——————— *The curry isn't hot.*

Cerdyn post o'r gwyliau

Gwyliau gwych

tywydd
gwesty
traeth
môr
bwyd
gwin
plant

Gwyliau ofnadwy

tywydd
gwesty
traeth
môr
bwyd
gwin
plant

Mae...

Mae siwgr ar y bwrdd.	*There is sugar on the table.*
Mae llaeth yn y jwg.	*There is milk in the jug.*
Mae cacennau ar y cownter.	*There are cakes on the counter.*
Mae brechdanau ar y cownter.	*There are sandwiches on the counter.*

Mae llawer o fwyd yma.	*There is a lot of food here.*
Mae digon o fwyd yma.	*There is enough/plenty of food here.*
Mae gormod o fwyd yma.	*There is too much food here.*
Mae ychydig o fwyd yma.	*There is a little food here.*

Oes siwgr yn y coffi?	*Is there sugar in the coffee?*
Oes siwgr ar y bwrdd?	*Is there sugar on the table?*
Oes llaeth ar y bwrdd?	*Is there milk on the table?*
Oes digon o laeth yn y te?	*Is there enough milk in the tea?*

Does dim brechdanau ar ôl.	*There are no sandwiches left.*
Does dim cacennau ar ôl.	*There are no cakes left.*
Does dim llaeth ar ôl.	*There is no milk left.*
Does dim byd ar ôl.	*There is nothing left.*

Edrychwch ar y lluniau gyda'ch partner ac ysgrifennwch dair brawddeg yn dechrau gyda 'Mae...' neu 'Does dim...' wrth bob llun.

....

....

....

....

....

....

....

....

....

....

....

....

Yn eich ardal – Oes...?

pwll nofio	sinema	theatr
gorsaf heddlu	gorsaf drenau	canolfan siopa
gwesty	tafarn	swyddfa bost
ysgol	garej	llyfrgell
siop ddillad	siop esgidiau	ysbyty

Sgwrs 1 – Yn y Tŷ Bwyta – Bwyty Bwyd y Byd

A: **Noswaith dda. Croeso i fwyty "Bwyd y Byd". Dych chi ar eich pen eich hun?**

B: Mae'n ddrwg iawn gyda fi, mae fy ffrind i, Jen, yn mynd i fod yn hwyr iawn.

A: **Wel, 'dyn ni'n brysur iawn… bwrdd i un, felly?**

B: Na, dw i eisiau bwrdd i ddau.

A: **Iawn. Mae'r pysgod wedi mynd, ond mae un pryd arbennig ar ôl ar y fwydlen.**

B: Beth yw e?

A: **Ein Paella Poeth. Mae e'n fendigedig.**

B: Paella… Poeth?

A: **Ie, mae llawer o tsili a phaprica yn y paella.**

B: Dw i ddim yn siŵr…

A: **Rhaid i chi gael y paella.**

B: O'r gorau.

A: **Ac i yfed? Mae ein gwin coch Bordeaux ni yn mynd yn dda iawn gyda'r paella…**

B: Iawn… Bydd syched arna i ar ôl bwyta tsili poeth.

A: **Mwynhewch eich bwyd!**

Oedran

Beth yw oed y plentyn?	*How old is the child?*
Beth yw oed y plant?	*How old are the children?*
Beth yw oed dy fab di?	*How old is your son?*
Beth yw oed dy ferch di?	*How old is your daughter?*
Mae e'n un oed.	*He is one.*
Mae e'n ddwy oed.	*He is two.*
Mae hi'n dair oed.	*She is three.*
Mae hi'n bedair oed.	*She is four.*

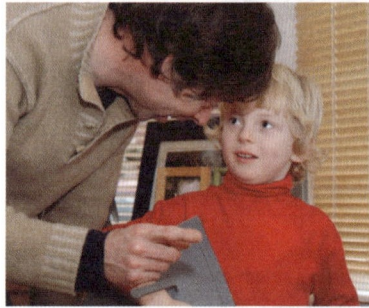

Ynganu

> **A:** Noswaith dda. Croeso i Dŷ Bwyta'r Ddraig.
>
> **B: Diolch yn fawr. Ydy hi'n bosib cael bwrdd i ddau, os gwelwch chi'n dda?**
>
> **A:** 'Dyn ni'n llawn ar hyn o bryd, mae'n ddrwg gyda fi.
>
> **B: Mae hi'n brysur iawn yma. Fydd rhaid i ni aros yn hir?**
>
> **A:** Tua awr, fallai.
>
> **B: Mae popeth yn edrych yn hyfryd, ond dw i eisiau bwyd nawr.**
>
> **A:** Mae siop sglodion rownd y gornel os dych chi eisiau bwyd cyflym.
>
> **B: Syniad da. 'Dyn ni'n gallu cael pysgod a sglodion heno a dod yn ôl nos yfory.**

Ymarfer Arholiad

Nyrs/doctor yw hi.	Mae hi'n gweithio mewn ysbyty.
Athro yw e.	Mae e'n gweithio mewn ysgol.
Gyrrwr bws yw hi.	Mae hi'n gyrru bws.
Tiwtor Cymraeg yw e.	Mae e'n dysgu Cymraeg i bobl.
Ysgrifenyddes yw hi.	Mae hi'n gweithio mewn swyddfa.
Garddwr yw e.	Mae e'n garddio bob dydd.
Actores yw hi.	Mae hi'n actio ar y teledu.
Cogydd yw hi.	Mae hi'n coginio mewn gwesty.
Adeiladwr yw e.	Mae e'n adeiladu tai.

Dyma Tom.

Byw:	Bangor
Teulu:	3 o blant
Hoffi:	darllen
Neithiwr:	i'r dafarn
Gwaith:	(Llun/*Picture*)

Edrychwch ar y llun o Tom. Gyda phartner, atebwch y cwestiynau:

Ble mae Tom yn byw? ....

Oes teulu gyda fe? ....

Beth mae e'n hoffi ei wneud? ....

Beth wnaeth e neithiwr? ....

Beth yw gwaith Tom? ....

Gofyn cwestiwn

Gyda'ch partner, ysgrifennwch o leia *(at least)* tri chwestiwn gyda'r geiriau yn y blwch:

Ble	eich	yw	dosbarth	mae
hi	plant	teulu	Sut	car
gwaith	o'r gloch	mae'r	Faint	chi
Beth	Pryd	enw	tywydd	?

....

....

....

Gwrando – Bwletin Tywydd

1. Heddiw, roedd hi'n ....

2. Heno, mae hi'n ....

3. Yfory, bydd hi'n ....

4. Dydd Sul, bydd hi'n ....

Robin Radio

a) Atebwch:

Beth sy'n agor nos Sadwrn?

....

Beth mae Anti Mair yn hoffi ei fwyta?

....

Beth dyw Llinos ddim yn hoffi ei fwyta?

....

b) Gwrandewch am:

yn agos at yr afon ——————————— close to the river
Cymro yw'r cogydd? ——————————— Is the chef a Welshman?
Sais o Lerpwl yw e. ——————————— He is an Englishman from Liverpool.

c) Cyfieithwch:

What is the name of the restaurant? ....

The menu is in Welsh and English. ....

Are you a vegetarian? ....

Help llaw

1. **Mae'r coffi ar y bwrdd.** – *The coffee is on the table. (specific)*
   ond
   Mae coffi ar y bwrdd. – *There is coffee on the table. (non-specific)*

2. **Ydy'r coffi ar y bwrdd? – Ydy.** *(specific)*
   ond
   Oes coffi ar y bwrdd? – Oes. *(non-specific)*

3. *Learn when to use* **yw** *and when to use* **mae** *when there is a definite noun or a pronoun in the question:*
   PWY, BETH, FAINT+ YW
   PRYD, BLE, SUT + MAE
   However there is only one word in the corresponding patterns in the past and future, but there is a treiglad meddal *with* pwy, beth *and* faint.

   Sut roedd y tywydd + Faint oedd y bil?
   Sut bydd y tywydd + Faint fydd y bil?

4. *Age is always feminine in Welsh.*
   dwy oed   tair oed   pedair oed

---

revision 1

Uned 26 (dau ddeg chwech) – Ei/Ein/Eu

Nod: Siarad am bethau a phobl sy'n perthyn i bobl eraill
Talking about other people's belongings and relatives
(ei dŷ e; ei thŷ hi, ein tŷ ni; eu tŷ nhw)

Geirfa

sir(oedd) ———————— *county (counties)*

Siôn Corn ——————— *Santa Claus*

annwyl ————————	*dear*		hyfryd ————————	*lovely*
aur ————————	*gold*		taclus ————————	*tidy*
pert ————————	*pretty*		trydydd ————————	*third*
gorau ————————	*best*			

defnyddio ——————— *to use*

Geiriau pwysig i fi

....
✗ ✗
....
✗ ✗
....

Adolygu Fy a Dy

> Sam yw enw fy <u>mhartner</u> i.   Coch yw lliw dy <u>gar</u> di?

> Beth yw dy hoff fwyd di?   Pitsa yw fy hoff fwyd i.
> Beth yw dy hoff ddiod di?   Coffi yw fy hoff ddiod i.
> Beth yw dy hoff lyfr di?   Y cwrs Mynediad yw fy hoff lyfr i.
> Beth yw dy hoff ffilm di?   Batman yw fy hoff ffilm i.

Enw	Beth – bwyd	Beth – diod	Beth – llyfr	Beth – ffilm	Pwy – actor	Pwy – canwr

Llenwch o leiaf *(at least)* **5 blwch:**

enw partner	
enw mab	
enw merch	
enw babi	
enw (anifail)	
lliw (anifail)	
mêc car	
lliw car	
enw bòs	
enw tŷ	
enw stryd	
enw mam/tad	
enw brawd/chwaer	
enw ysgol	
mêc ffôn	
enw tiwtor	
lliw gwallt	
lliw llygaid	

Ei _____ e

ei **d**ocyn e	ei **dd**iod e	ei **l**yfr e
ei **g**ar e	ei **_**wely e	ei **f**aneg e
ei **b**apur e	ei **f**eic e	ei **r**estr e

mam – Bangor   tad – Treorci

ALWYN

partner – Pwllheli   car – coch

Dyma fy ffrind i.

Alwyn yw ei enw e.

Mae ei d ad e'n dod o Dreorci.

Mae ei g ar e'n goch.

Mae ei b artner e'n dod o Bwllheli.

Mae ei f am e'n dod o Fangor.

Mae ei w allt e'n frown.

Mae ei l ygaid e'n las.

Ei _____ hi

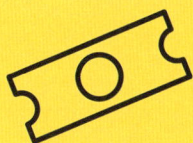 ei **th**ocyn hi	ei diod hi	ei llyfr hi
 ei **ch**ar hi	 ei gwely hi	ei maneg hi
ei **ph**apur hi	ei beic hi	ei rhestr hi

mam – Bangor   **tad – Treorci**

partner – Pwllheli   **car – coch**

ALWEN

Dyma fy ffrind i.

Alwen yw ei **h**enw hi.

Mae ei **th**ad hi'n dod o Dreorci.

Mae ei **ch**ar hi'n goch.

Mae ei **ph**artner hi'n dod o Bwllheli.

Mae ei mam hi'n dod o Fangor.

Mae ei gwallt hi'n frown.

Mae ei llygaid hi'n las.

Mae ein tŷ ni'n hen.	*Our house is old.*
Mae ein tŷ ni'n fodern.	*Our house is modern.*
Mae ein car ni'n hen.	*Our car is old.*
Mae ein car ni'n newydd.	*Our car is new.*
Mae eu tŷ nhw'n hen.	*Their house is old.*
Mae eu tŷ nhw'n fodern.	*Their house is modern.*
Mae eu car nhw'n hen.	*Their car is old.*
Mae eu car nhw'n newydd.	*Their car is new.*

Ynganu

Darllenwch y ddeialog yn uchel gyda'ch partner:

Arweinydd:	Tawelwch, os gwelwch chi'n dda. Dyma'r plentyn nesa i ganu yng Nghyngerdd Nadolig Llandudoch.
Mam-gu/Tad-cu:	**On'd yw hi'n edrych yn bert?**
Arweinydd:	Heulwen Huws yw ei henw hi. Mae hi wedi dod â'r pianydd o'i hysgol hi, Ysgol Hafod y Coed.
Mam-gu/Tad-cu:	**Da iawn, Mrs Prydderch.**
Arweinydd:	Mae hi'n saith oed. Mae hi'n mynd i ganu'r gân "Annwyl Siôn Corn".
Mam-gu/Tad-cu:	**O dw i wrth fy modd gyda "Annwyl Siôn Corn".**
Arweinydd:	Felly pawb yn y Neuadd yn dawel a rhowch groeso mawr i Heulwen Huws.

Sgwrs

A. Dych chi'n nabod Elwyn Evans?

B. Elwyn Evans. Oedd ei dad e'n blismon yn Llanelli ers llawer dydd?

A. Oedd. Dyna chi.

B. Mae ei bartner e'n gweithio yn y Cyngor Sir.

A. Ydy. Dyna chi.

B. Mae ei blant e yn ysgol Abercastell.

A. Ydyn. Dyna chi.

B. Aeth ei frawd e i Awstralia neu rywle.

A. Do, i Seland Newydd. Dyna chi.

B. Dyw e ddim yn cadw gwesty ym Mhorthcawl gyda ei frawd arall?

A. Ydy. Dyna chi. Dych chi'n ei nabod e?

B. Nac ydw, dim o gwbl.

Newidiwch y cwestiwn cynta i: Dych chi'n nabod Elwen Evans (hi)?

Siaradwch am eich ffrind gorau/bòs/cymdogion chi.

Beth yw ei enw e?   (e.e. Gwyn yw e.)

Beth yw ei waith e?

Beth yw ei ddiddordebau e?

Beth yw ei henw hi?

Beth yw ei gwaith hi?

Beth yw ei diddordebau hi?

Beth yw eu henwau nhw?

Beth yw eu gwaith nhw? .... yw X.

.... yw Y.

Beth yw eu diddordebau nhw?

Gwylio

Edrychwch ar y fideo o'r gân 'Traws Cambria' gan Steve Eaves. Bws oedd Traws Cambria, yn mynd bob dydd o Fangor i Gaerdydd drwy Aberystwyth, Caerfyrddin ac Abertawe. Roedd e'n cymryd llawer iawn o amser!

Sut dych chi'n hoffi teithio?

trên/car/bws/awyren/beic/beic modur/llong/cerdded?

Sut dych chi <u>ddim</u> yn hoffi teithio?

Cofiwch:

Dw i'n hoff o fynd   mewn trên/car/awyren/bws/llong

                                      ar feic/feic modur.

Dw i'n hoff o gerdded.

Robin Radio

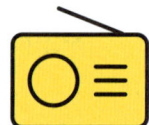

a) Atebwch:

Faint o ystafelloedd gwely sy yn nhŷ newydd Siân? ....

Beth arall sy yn nhŷ newydd Siân? ....

Beth mae Siôn wedi ei wneud gyda ei arian? ....

b) Gwrandewch am:

yr un ————————————————— each
stafell ymolchi ——————————— bathroom (literally "washing room")
stafell haul ————————————— conservatory (literally "sun room")

c) Cyfieithwch:

her new car ....

in his old caravan ....

his money ....

Help llaw

family 1   family 2

1. *Here is a table of all the pronouns covered in this unit.*

	ei _____ hi	ei _____ e	ein _____ ni	eu _____ nhw
tŷ	ei **th**ŷ hi	ei **d**ŷ e	ein tŷ ni	eu tŷ nhw
car	ei **ch**ar hi	ei **g**ar e	ein car ni	eu car nhw
plant	ei **ph**lant hi	ei **b**lant e	ein plant ni	eu plant nhw
brawd	ei brawd hi	ei **f**rawd e	ein brawd ni	eu brawd nhw
doctor	ei doctor hi	ei **dd**octor e	ein doctor ni	eu doctor nhw
gwaith	ei gwaith hi	ei __waith e	ein gwaith ni	eu gwaith nhw
mam	ei mam hi	ei **f**am e	ein mam ni	eu mam nhw
lle	ei lle hi	ei **l**e e	ein lle ni	eu lle nhw
rhieni	ei rhieni hi	ei **r**ieni e	ein rhieni ni	eu rhieni nhw
oed	ei **h**oed hi	ei oed e	ein **h**oed ni	eu **h**oed nhw

2. Ei *(his) … causes the* **soft mutation**, *like* **dy** *(your).*

Ei *(her) … causes the* **aspirate mutation**. *This entails adding a* **H** *to any words starting with the consonants* **C**, **P** *and* **T**, *and also any words starting with a vowel* (**A, E, I, O, U, W, Y**).

Plural possessives do not in general take a mutation. However, it is necessary to add a **H** *to any word starting with a vowel following* **ein** *(our) or* **eu** *(their) -* ein **h**enw ni, eu **h**enw nhw.

3. *Adjectives usually follow the noun as in* **car du**, **cath ddu**. *However, a few adjectives go* **before** *the noun. One of the most useful is* **hen** *(old) e.g.* **hen gar**. *Notice that after the adjective the noun takes a* **soft mutation**.

Uned 27 (dau ddeg saith) – Pobl y Cwm

Nod: Siarad am eiddo a pherthnasau/
Talking about possessions and relatives

Geirfa

cyfnither(od)	cousin(s)	**opera (operâu)**	opera(s)
ffordd (ffyrdd)	way(s), road(s)	**prifysgol(ion)**	university (universities)
nith(od)	niece(s)		

canol	middle, centre	**hanes(ion)**	history (histories)
capten	captain	**hen beth(au)**	antique(s)
cefnder (cefndryd)	cousin(s)	**mêc**	a make
cyfeiriad(au)	address(es)	**nai (neiaint)**	nephew(s)
cyfenw(au)	surname(s)	**tîm (timau)**	team(s)
cylchgrawn (cylchgronau)	magazine(s)	**ystyr(on)**	meaning(s)
ffôn (ffonau)	mobile phone(s)		
symudol			
gair (geiriau)	word(s)		

llond ceg	a mouthful

Geiriau pwysig i fi

....
✗ ✗
....
✗ ✗
....

Mam Siân dw i.	*I'm Siân's mother.*
Brawd Siân dw i.	*I'm Siân's brother.*
Ewythr Siân dw i.	*I'm Siân's uncle.*
Ffrind Siân dw i.	*I'm Siân's friend.*

Coeden deuluol

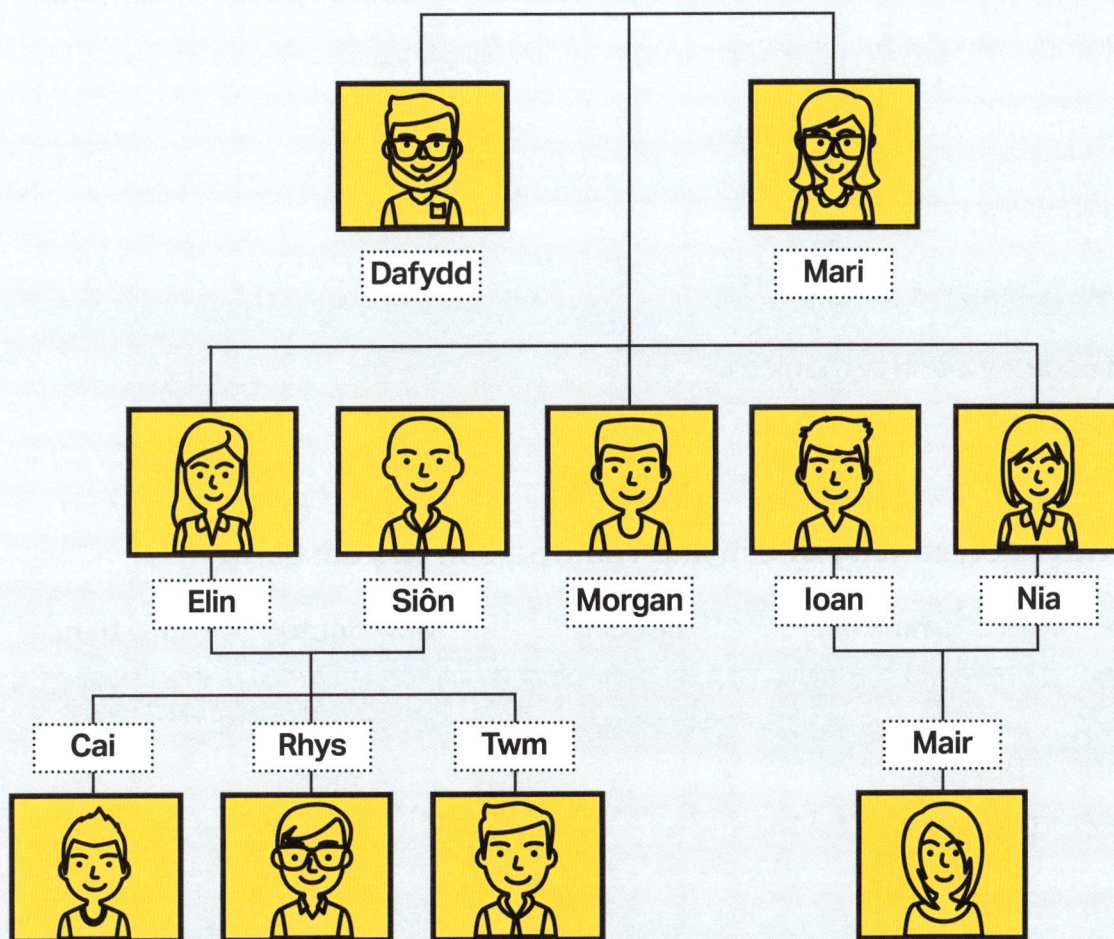

Dafydd — Mari

Elin — Siôn — Morgan — Ioan — Nia

Cai — Rhys — Twm — Mair

Beth yw enw dy dad di?	*What is your father's name?*
Beth yw enw dy frawd di?	*What is your brother's name?*
Beth yw enw dy fodryb di?	*What is your aunt's name?*
Beth yw enw dy bartner di?	*What is your partner's name?*

Fiesta yw mêc fy nghar i. ————— *Fiesta is the make of my car.*
Coch yw lliw fy nghar i. ————— *Red is the colour of my car.*
Dr Jones yw enw fy noctor i. ——— *Dr Jones is the name of my doctor.*
Banc Bryncastell yw enw fy manc i. — *Banc Bryncastell is the name of my bank.*

Pwy ddwedodd?
Bart   ***Simon Cowell***   ***Sali Mali***   ***Juliet***   ***Shakespeare***   ***Batman***

Romeo yw enw fy nghariad i. ....

Batmobile yw enw fy nghar i. ....

Homer yw enw fy nhad i. ....

Jac y Jwc yw enw fy ffrind i. ....

X Factor yw teitl fy rhaglen i. ....

King Lear yw teitl fy nrama i. ....

Holiadur – Gofynnwch y cwestiynau i bum person yn y dosbarth

Enw	mêc car	lliw car	enw doctor	enw banc

Beth yw pris petrol? ————— *What is the price of petrol?*
Beth yw pris cwrs Cymraeg? ————— *What is the price of a Welsh course?*
Beth yw pris cyfrifiadur? ————— *What is the price of a computer?*
Beth yw pris ffôn symudol? ————— *What is the price of a mobile phone?*

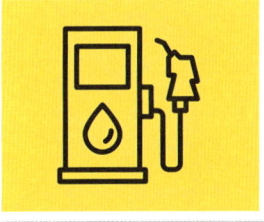   

....

Beth yw pris y petrol?	*What is the price of the petrol?*
Beth yw rhif y tŷ?	*What is the number of the house?*
Beth yw enw'r tŷ?	*What is the name of the house?*
Beth yw enw'r dre?	*What is the name of the town?*

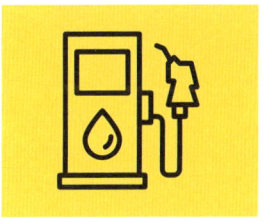 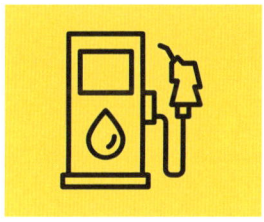 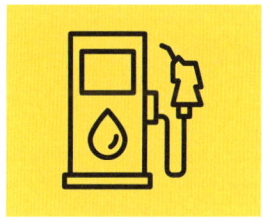 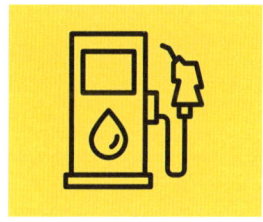

£1.15 y litr   **£1.19 y litr**   **£1.25 y litr**   **£1.36 y litr**

Cartref

Golwg y Môr

Yr Hafod

Cwm Deri

CAERNARFON

BANGOR

LLANBERIS

Y RHYL

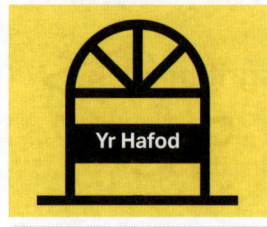

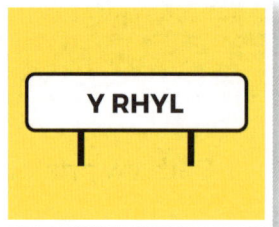

Pwy yw'r capten? ——————— *Who is the captain?*
Pwy yw capten y tîm? ——————— *Who is the captain of the team?*
Pwy yw capten tîm Cymru? ——————— *Who is the captain of the Welsh team?*

Gyda'ch partner, cyfieithwch:

Who is the head? ....

Who is the head of the school? ....

Who is the head of Aberheli School? ....

Who is the teacher? ....

Who is the teacher of the class? ....

Who is the teacher of Year 6? ....

Where is the middle? ....

Where is the city centre? ....

Where is the centre of the city of London? ....

Gyda'ch partner, ysgrifennwch y cwestiwn:

.... JK Rowling yw awdur llyfrau Harry Potter.

.... Ian Fleming oedd awdur llyfrau James Bond .

.... Shakespeare oedd awdur *Macbeth.*

.... Bethan Gwanas yw awdur llyfrau Blodwen Jones.

.... John Davies oedd awdur *Hanes Cymru.*

.... Dylan Thomas oedd awdur *Under Milk Wood.*

Ynganu

Bryn Terfel

Mae Bryn Terfel yn dod o Bant-glas yng Ngogledd Cymru yn wreiddiol ac mae e wedi gweithio'n galed iawn i lwyddo ym myd opera. Erbyn hyn, mae e'n canu dros y byd. Aeth e i'r coleg yn y Guildhall yn Llundain ble enillodd e'r fedal aur. Dechreuodd e weithio i Gwmni Opera Cenedlaethol Cymru yn 1990 pan ganodd e *Cosi Fan Tutte.* Wedyn aeth e i weithio ym Mrwsel cyn canu yn *Figaro* yn Covent Garden yn 1992. Ym mis Medi 2011, canodd e yn Central Park, Efrog Newydd o flaen dros saith deg mil o bobl. Mae e'n helpu Urdd Gobaith Cymru, Shelter Cymru a Chanolfan Therapi Plant Bobath yng Nghaerdydd.

Sgwrs – Yn Siop y Gornel

A: **Helô 'na! Esgusodwch fi, ond beth yw pris y cylchgrawn yma?**

B: <u>Dwy bunt</u> yw pris y cylchgrawn yna. Bargen!

A: **Wel ydy, mae'n dipyn o fargen. Mmm! Ydy hi'n bosib archebu'r cylchgrawn bob mis?**

B: Ydy, wrth gwrs. Un funud. Beth yw'r enw?

A: <u>**Ann**</u>. **<u>Ann</u> Rhydderch.**

B: Diolch. <u>Ann</u>... Beth oedd y cyfenw eto, plîs?

A: **Rhydderch. Mae'n dipyn o lond ceg!**

B: A beth yw'ch cyfeiriad llawn chi, Ann?

A: **7 Ffordd y Parc, Aberheli.**

B: Na! 7 Ffordd y Parc! Mam Dafydd Rhydderch dych chi?

A: **Ie. Pam? Beth mae e wedi wneud nawr?**

B: Dim byd. Ond tad Siân dw i, cariad Dafydd.

A: **Chi yw Mr Davies, tad Siân? O, byd bach!**

Gwylio – Croeso i Gaerdydd

Gwyliwch y fideo ac ysgrifennwch y lleoedd dych chi'n gweld – 5 lle.

Dych chi nawr yn gallu darllen *Pass the Sugnydd Llwch, Darling!* gan Rhodri a Lucy Owen. Dych chi'n gallu prynu'r llyfr yn eich siop Gymraeg leol chi neu ar www.gwales.com.

Dyma'r clawr (*cover*) ac un paragraff:

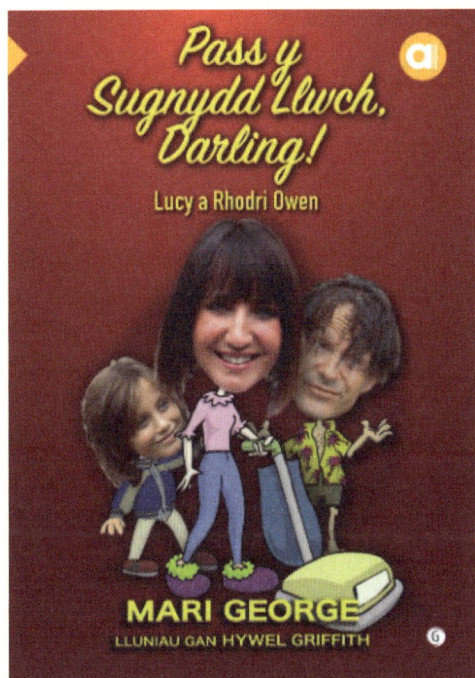

Mae Rhodri a Lucy Owen yn byw yn **y Bont-faen** gyda eu mab Gabriel. Mae'r ddau yn gwneud gwaith **cyflwyno** ar y teledu. Mae Rhodri yn cyflwyno ar y rhaglen deledu *Heno* ac mae Lucy yn darllen y newyddion ar BBC Wales. Mae Gabriel a Rhodri yn siarad Cymraeg yn **rhugl**. Mae Lucy yn dysgu Cymraeg. Hoff beth Gabriel ydy hanes, hoff beth Rhodri ydy **cadw'n heini**. Hoff beth Lucy ydy **hwfro**. Mae hi'n hoffi hwfro'r tŷ.

Y Bont-faen	*Cowbridge*	cyflwyno	*to present*
rhugl	*fluent*	cadw'n heini	*to keep fit*
hwfro	*to hoover*		

Robin Radio

a) Atebwch:

I ba dre/ddinas aeth Catrin dros y penwythnos? ....

Pam doedd hi ddim eisiau mynd i'r Senedd? ....

Faint o gestyll sy yn y sgwrs? ....

b) Gwrandewch am:

Beth yw dy hanes di? ——————— *What's your history? (lit.)*
What have you been doing?
Dyfala ble es i. ——————— *Guess where I went.*
Dw i newydd fod... ——————— *I've just been...*

c) Cyfieithwch:

I don't like antiques. ....

I must have a clue. ....

Is The Millennium Centre the answer? ....

Help llaw

1. *This pattern,* **pris te, pris y te** *can sometimes be difficult because it is so different to English. Think of it as* **Pobl y Cwm** *syndrome. The People of the Valley =* **Pobl y Cwm**.

Un *THE* **yn Saesneg** *(the price of petrol)*
Dim 'Y' yn Gymraeg
(pris petrol)

Dau *THE* **yn Saesneg** *(the price of the petrol)*
Un 'Y' yn Gymraeg
(pris y petrol)

2. *When something belongs to or is associated with a person or place, we have no* **y** *at all:*

The Welsh team	**Tîm Cymru**
The University of South Wales	**Prifysgol De Cymru**
The National Library of Wales	**Llyfrgell Genedlaethol Cymru**

3. *Notice that* **y** *or* **yr** *appears as* **'r** *when following a vowel:*

Beth yw rhif y car?
Beth yw cyfeiriad yr ysgol?
Beth yw enw'r rheolwraig?

4. *Notice the answer* **Ie** *in the Deialog. We answer* **Ie** *to an emphatic question. In Welsh, a non-emphatic sentence or question begins with a verb. However, if there is a different part of speech at the beginning, we answer* **Ie** *or* **Na / Nage.** *Look at the examples:*

Mam Dafydd Rhydderch dych chi?	Ie/Na. (Nage)
Coch yw lliw eich gwallt chi?	Ie/Na. (Nage)
Doctor dych chi?	Ie/Na. (Nage)
(Dych chi'n gweithio fel doctor?)	(Ydw/Nac ydw).

Uned 28 (dau ddeg wyth) – Adolygu'r cwrs ac edrych ymlaen

Nod: Adolygu lefel Mynediad

Geirfa

campfa	*gym*	**rownd**	*round* (gêm / diod)
ffurflen(ni)	*form(s)*		

iechyd	*health*	**lle(oedd)**	*place(s)*

torri	*to break, to cut*	**tynnu**	*to pull, to take off, to take out*
trio	*to try*		

aml	*often*	**perffaith**	*perfect*
diddorol	*interesting*	**tal**	*tall*
ola	*last; final*		

gwir neu gau	*true or false*	**ymlaen**	*forward*
llongyfarchiadau	*congratulations*	**yn barod**	*already*

Geiriau pwysig i fi

× ....

× ....

× ....

× ....

Gêm o gardiau

	♠	♦	♣	♥
A	Sut mae'r tywydd heddiw?	Ble aethoch chi i'r ysgol?	Beth wnaethoch chi cyn i chi ddod yma heddiw?	Sut roedd y tywydd ddoe?
2	Beth wnaethoch chi yr wythnos diwetha?	Pryd codoch chi y bore 'ma?	Beth gest ti i frecwast heddiw?	Beth wnaethoch chi ddoe?
3	Ble dych chi wedi bod yng Ngogledd Cymru?	Ble aethoch chi ar eich gwyliau diwetha?	Beth mae rhaid i chi wneud yfory?	Dych chi wedi gweld *Pobol y Cwm*?
4	Gofynnwch gwestiwn i fi, os gwelwch chi'n dda!	Dych chi'n mynd i gampfa?	Beth o'ch chi'n hoffi ei wneud pan o'ch chi'n blentyn?	Beth mae rhaid i chi wneud heno?
5	Oes anifail anwes gyda chi?	Beth yw'ch gwaith chi?	Gyda phwy dych chi'n siarad Cymraeg?	Oes teulu gyda chi ?
6	Beth fyddwch chi'n ei wneud dros y penwythnos?	Sut bydd y tywydd yn Sawdi Arabia yfory?	Beth dych chi'n hoffi ei wneud yn eich amser sbâr?	Beth brynoch chi mewn siop ddiwetha?
7	Beth weloch chi ar y teledu ddiwetha?	Beth gest ti i ginio dydd Sul?	Faint o'r gloch dych chi'n mynd i'r gwely fel arfer?	Ble ro'ch chi nos Galan ddiwetha?
8	O ble dych chi'n dod yn wreiddiol?	Dych chi'n hoffi wyau Pasg siocled?	Beth dych chi'n hoffi ei wneud ar ddydd Sadwrn?	Am faint o'r gloch dych chi'n edrych ar y newyddion?
9	Pwy yw dy hoff actor di?	Beth yw mêc eich car chi?	Beth yw dy hoff air Cymraeg di?	Ble dych chi'n dysgu Cymraeg?
10	Beth wnaethoch chi ar ôl i chi adael yr ysgol?	Faint o'r gloch yw hi nawr?	Pwy yw dy gymdogion di?	Ble dych chi'n byw?
Jac	Beth yw lliw eich llygaid chi?	Beth dych chi'n hoffi ei yfed mewn caffi?	Beth yw dy hoff ffilm di?	Beth wnaethoch chi neithiwr?
Brenhines	Ble dych chi eisiau mynd ar wyliau?	Beth yw enw eich ffrind gorau chi?	Faint o'r gloch dych chi'n codi fel arfer?	O ble mae eich teulu chi'n dod yn wreiddiol?
Brenin	Ble rwyt ti'n hoffi mynd am dro yng Nghymru?	Sut daethoch chi yma heddiw?	Dych chi wedi bod yn Iwerddon?	Beth dych chi'n hoffi ei yfed mewn parti?

Gyda'ch partner, parwch hanner o'r grid cynta â hanner o'r grid nesa.

Rhaid	Nyrs	Ydy'r plant yn hapus?	Dw i'n edrych	Beth yw dy	Dw i'n mynd i'r
Mae'r ferch yn (3)	Bydd hi'n	Mae'r babi'n un	Dyma fy	Rhaid i	Mae hi'n chwarter
Mae'r trên am	Mae'r bachgen yn (4)	Mae'r swyddfa'n	Dw i'n gweithio yn	Sut	Gwnaeth e
Wnaethon nhw ddim	Pwy	Faint	Dw i'n gwrando	Wnaeth	Beth wnest
Roedd hi'n	Beth yw eich	Mae Aled yn gweithio	Mae hi'n hanner awr	Pryd	Ble
***********	***********	***********	***********	***********	***********
bedair oed	i bedwar	dri o'r gloch	i fi brynu bara	oer ddoe	waith di?
brysur iawn heddiw	mae swper?	mae'r teulu?	enw chi?	yw hi	dair oed
ar y teledu	wedi dau	mae'r ysgol?	yw'r pris?	chi fynd	wyntog yfory
yr ysbyty	mewn banc	yw'r bòs?	gwaith nawr	nheulu i	ar y radio
Ydyn	y plant gysgu?	mynd i'r gêm	fynd i'r parti	oed	ti neithiwr?

Gwrando a darllen – Yn y parc

Enw	Pam maen nhw yn y parc?	Pryd maen nhw'n mynd i'r parc?	Pa anifail anwes sy gyda nhw?
Mair	1	2	3
Gareth	4	5	6
Enw	**Pam ro'n nhw yn yr ysbyty?**	**Ble maen nhw'n mynd ym mis Hydref?**	
Mair	7	8	
Gareth	9	10	

Mair: Helô Gareth, sut wyt ti ers llawer dydd?

Gareth: Dw i'n iawn diolch, Mair. Rwyt ti'n edrych yn dda. Wyt ti'n rhedeg yn aml?

Mair: Ydw, dw i'n trio rhedeg bob dydd, ond dim ond ar y penwythnos dw i'n dod yma. Dw i'n mynd i'r gampfa yn y gwaith o ddydd Llun i ddydd Gwener.

Gareth: Dw i'n dod yma bob dydd. Mae'n lle braf i fynd â'r ci am dro.

Mair: Ydy wir. Helô, Pero.

Gareth: Oes anifail anwes gyda ti?

Mair: Dim nawr. Roedd cath gyda ni pan oedd y plant yn fach.

Gareth: Felly pam rwyt ti'n rhedeg bob dydd, Mair?

Mair: Dw i'n ymarfer – dw i'n rhedeg hanner marathon Caerdydd ym mis Hydref.

Gareth: Da iawn ti! Wyt ti'n codi arian at rywbeth?

Mair: Ydw – at ysbyty Abercastell. Maen nhw angen arian drwy'r amser.

Gareth: Roedd rhaid i fi fynd i ysbyty Abercastell pan o'n i'n blentyn. Roedd rhaid i fi gael tynnu fy nhonsils. Roedd y bwyd yn ofnadwy ond roedd y nyrsys yn hyfryd iawn – rhoion nhw hufen iâ i fi un diwrnod. Roedd llwnc tost gyda fi ar ôl i fi gael tynnu fy nhonsils!

Mair: Torrais i fy nghoes yn chwarae hoci yn yr ysgol. Roedd rhaid i fi gael plastar yn yr ysbyty ond arhosais i ddim dros nos.

Gareth: Dyma ti – deg punt, achos dw i'n mynd ar wyliau ym mis Hydref.

Mair: Diolch yn fawr. Ble rwyt ti'n mynd y tro 'ma?

Gareth: I Sbaen, wrth gwrs, fel arfer. A dw i'n mynd yn y car, felly dw i'n gallu mynd â Pero hefyd!

Mair: Braf iawn. Hwyl i ti, a diolch am yr arian. A hwyl fawr i ti ar dy wyliau, Pero!

Gareth: Pob hwyl yn y ras, Mair.

Dych chi'n cadw'n heini? Sut?

Beth oedd rhaid i ti wneud y bore 'ma?   *What did you have to do this morning?*

Roedd rhaid i fi fynd â'r biniau ma's. — *I had to take the bins out.*
Roedd rhaid i fi fynd â'r ci am dro. —— *I had to take the dog out for a walk.*
Roedd rhaid i fi olchi'r llestri. ——— *I had to wash the dishes.*
Roedd rhaid i fi fynd â'r plant i'r ysgol. — *I had to take the children to school.*

Gwrando a darllen – Diwedd y cwrs

Tiwtor:	Reit, dyma'r dosbarth ola. Llongyfarchiadau i bawb! 'Dyn ni wedi gorffen y cwrs!
Dosbarth:	Hwrê!
Tiwtor:	Cyn i ni fynd i'r dafarn i ddathlu, bydd rhaid i ni wneud un peth bach. Rhaid i chi lenwi ffurflen am y cwrs.
Dosbarth:	Oes rhaid i ni?
Tiwtor:	_____! Gawn ni ymarfer bach yn gynta? Cwestiwn un. Dych chi wedi mwynhau'r cwrs?
Dosbarth:	_____, wrth gwrs.
Tiwtor:	Dych chi'n dod yn ôl i wneud y cwrs nesa?
Dosbarth:	_____, wrth gwrs.
Tiwtor:	Oedd y cwrs yn ddiddorol?
Dosbarth:	_____, wrth gwrs.
Tiwtor:	O'ch chi'n hapus gyda phopeth?
Dosbarth:	_____, wrth gwrs
Tiwtor:	Ddysgoch chi'r treigladau yn berffaith?
Dosbarth:	_____, wrth gwrs
Tiwtor:	Fyddwch chi'n gwneud y cwrs Sylfaen nesa?
Dosbarth:	_____, wrth gwrs.
Tiwtor:	Dych chi'n mynd i ymarfer Cymraeg cyn y cwrs nesa?
Dosbarth:	_____, wrth gwrs.
Tiwtor:	Fyddwch chi'n edrych ar S4C?
Dosbarth:	_____, wrth gwrs
Tiwtor:	Fydd Radio Cymru yn y car bob dydd?
Dosbarth:	_____, wrth gwrs
Tiwtor:	Reit – dych chi eisiau i fi ddweud popeth eto?
Dosbarth:	_____wir! (x)
Tiwtor:	Oes cwestiwn gyda chi?
Dosbarth:	_____wir! (x)
Tiwtor:	Dych chi eisiau taflen am y cwrs nesa?
Dosbarth:	_____, wrth gwrs.
Tiwtor:	Da iawn chi – dw i'n mynd i brynu'r rownd gynta i bawb!

Cyn y dosbarth nesa...
Before the next class...

Bydd rhaid i ni edrych ar S4C.
We will have to watch S4C.

Bydd rhaid i ni wrando ar Radio Cymru.
We will have to listen to Radio Cymru.

Bydd rhaid i ni siarad Cymraeg mewn siop.
We will have to speak Welsh in a shop.

Bydd rhaid i ni gwrdd â ffrindiau i siarad Cymraeg.
We will have to meet friends to speak Welsh.

Cymraeg

Gwrando a darllen – Yn y Siop
Gwrandewch ar y sgwrs ac atebwch y cwestiynau.

Gwir neu Gau:

Bydd Anti Sali yn saith deg oed dydd Sadwrn. ....

Bydd Tomos yn saith oed dydd Sadwrn. ....

Mae Carys eisiau prynu cacen i Anti Sali. ....

Mae Aled eisiau prynu trên bach i Tomos. ....

Cyfieithwch:

birthday cake   _____

afternoon tea   _____

birthday present   _____

T-shirt   _____

Dych chi'n gallu meddwl am rywbeth arall?

cacen   _____   te   _____

anrheg   _____   crys   _____

Carys: Bore da Aled, sut wyt ti?

Aled: Helô Carys, dw i'n iawn, diolch.

Carys: Gaf i ofyn cwestiwn i ti? Pa gerdyn wyt ti'n hoffi? Yr un gyda balŵns pinc, neu'r un yma gyda chacen pen-blwydd?

Aled: Dw i ddim yn siŵr, i bwy mae'r cerdyn?

Carys: Mae chwaer fy mam, Anti Sali, yn wyth deg oed dydd Sadwrn. 'Dyn ni'n mynd â hi i Westy Dewi Sant i gael te prynhawn.

Aled: Bendigedig! Rhaid i ti ddewis y cerdyn gyda'r gacen, dych chi'n siŵr o gael cacen arbennig iawn yng Ngwesty Dewi Sant!

Carys: A dweud y gwir, dw i wedi coginio un yn barod, mae Anti Sali yn hoffi cacen ffrwythau gyda digon o frandi – a dw i'n edrych ymlaen at fwyta'r gacen hefyd!

Aled: Wel, wyt ti'n gallu helpu gyda dewis anrheg pen-blwydd i Tomos?

Carys: Dy fab di? Beth mae e'n hoffi ei wneud?

Aled: Mae e'n hoffi trenau. Mae'r llyfr yna'n edrych yn dda, ond mae e dipyn bach yn anodd.

Carys: Beth am y crys T yna? Yr un gyda thrên glas.

Aled: Perffaith! Glas yw ei hoff liw e. Wyt ti'n gallu gweld un i fachgen saith oed? Mae e'n cael ei ben-blwydd e'n chwech oed dydd Sadwrn, ond mae e'n fachgen tal iawn.

Carys: Fel ei dad e! Dyma fe, crys T i blentyn saith oed. Ble dych chi'n cael parti?

Aled: Yn y ganolfan hamdden, gyda chastell neidio. Mae'r dosbarth i gyd yn dod a bydd jeli coch i bawb!

Carys: Pob lwc gyda'r parti!

Aled: Diolch.

Siaradwch

Pryd roedd y tro diwetha aethoch chi i barti? Parti pwy? Ble roedd y parti?

Fyddwch chi'n dathlu rhywbeth yn y misoedd nesa? Beth? Ble? Sut? Gyda phwy?

Robin Radio

a) Atebwch:

Ble mae Robin yn mynd? ....

Pam? ....

Pam mae Anti Mair yn mynd hefyd? ....

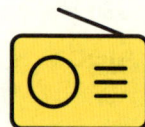

b) Gwrandewch am:

Gaf i air?	Can I have a word?
Paid â bod yn swil.	Don't be shy.
Gawn ni weld.	We shall see.

c) Cyfieithwch:

Can you come here?   _____

What am I going to do?   _____

It will be terribly boring.   _____

Yr Arholiad

Paratoi at Arholiad Mynediad
Preparing for the Entry level exam

Geirfa

blwyddyn —— *year(s)*
(blynyddoedd)

arholiad(au) —— *exam(s)*
cyfweliad(au) —— *interview(s)*

manylion —— *details*
trip(iau) —— *trip(s)*

paratoi —— *to prepare*

niwlog —— *foggy, misty*

tebyg —— *similar; likely*

Geiriau pwysig i fi

....
✕
....
✕

....
✕
....
✕

Papur 1 yw'r Papur Darllen a Deall.

Mae hanner awr i wneud tri chwestiwn.

Cwestiwn 1 – Hysbysebion

Mae'r cwestiwn yn codi yn y Gwaith cartref am y tro cynta yn Uned 17.

Cwestiwn 2 – Deialog

Gyda'ch partner, darllenwch y ddeialog, ac yna llenwch y gridiau ar sail yr wybodaeth a roddir.
Read the dialogue, then complete the grids based on the information given.

Mae Dafydd a Bethan yn cwrdd yn noson gofrestru (registration) **y dosbarthiadau nos yn y Coleg.**

Dafydd: Helô Bethan. Sut wyt ti? Wyt ti'n mynd i wneud cwrs Sbaeneg eto eleni?

Bethan: Mwynheuais i'r cwrs Sbaeneg yn fawr iawn llynedd, ac ro'n i'n mynd i wneud cwrs Sbaeneg Blwyddyn 2 eleni. Ond dyw'r cwrs ddim yn mynd i redeg achos does dim digon o bobl.

Dafydd: O, mae'n ddrwg gyda fi. Fel rwyt ti'n gwybod, do'n i ddim yn hapus o gwbl gyda'r cwrs Sbaeneg llynedd. Do'n i ddim yn lico'r tiwtor a doedd y tiwtor ddim yn fy lico i!

Bethan: Pa gwrs wyt ti'n mynd i'w wneud eleni, 'te?

Dafydd: Ro'n i'n mynd i wneud cwrs coginio ond mae e'n costio gormod.

Bethan: O wel, dim dosbarth nos i ti a fi eleni!

Dafydd: Trueni!

Bethan: Ddefnyddiaist ti dy Sbaeneg ar dy wyliau?

Dafydd: Naddo, es i ddim i Sbaen. Arhosais i mewn carafán yn Harlech am wythnos. Roedd y tywydd yn wlyb bob dydd. Byth eto!

Bethan: Wel, ces i wyliau bendigedig yn Sbaen. Roedd y bwyd yn dda, roedd y tywydd yn ardderchog a siaradais i dipyn bach o Sbaeneg bob dydd. Mwynheuais i bob munud.

Dafydd: Rhaid i fi fynd i Sbaen ar wyliau y flwyddyn nesa. Dw i'n mynd i ofyn pwy yw tiwtor y cwrs Sbaeneg Blwyddyn 1 eleni. Os bydd tiwtor newydd, dw i'n mynd i wneud y cwrs eto!

Does dim rhaid i chi ysgrifennu brawddegau, ond rhaid llenwi'r ddau grid.

You do not need to write sentences, but you must fill in both grids.

Enw	Pa gwrs wnaethon nhw llynedd?	Pa gwrs roedden nhw eisiau ei wneud eleni?	Pam dyw hynny ddim yn bosib?
Bethan	1	2	3
Dafydd	4	5	6

Enw	Ble aethon nhw ar wyliau llynedd?	Sut roedd y tywydd?
Bethan	7	8
Dafydd	9	10

Cwestiwn 3 yw Llenwi bylchau *(Gap-filling)*

Llenwch y bylchau yn y brawddegau yma, gan ddefnyddio'r sbardun mewn cromfachau neu'r llun, fel y bo'n briodol:

Fill the gaps in these sentences, using the prompts in brackets or the pictures, as appropriate:

1. Beth .... (gwneud) chi ddoe?

2. .... mae'r bws yn mynd? Am saith o'r gloch.

3. Mae hi'n .... heddiw.

4. Dw i'n hoffi gwrando .... y radio.

5. Ydy'r plant yn mynd? [✔] ....

6. Mae hi'n .... i'r gwaith bob dydd.

7. Mae'r ddrama'n dechrau am hanner .... wedi wyth.

8. Rhaid .... John fynd i'r banc.

9. Maen nhw'n gweithio ym .... (Pontypridd).

10. Roedd hi'n gweithio .... ysgol.

Trïwch eto!

1. Beth .... (gwneud) ti ddoe?

2. .... mae'r cyngerdd? Yn y neuadd.

3. Mae hi'n .... heddiw.

4. Dw i'n hoffi edrych .... y teledu.

5. Wyt ti'n mynd ma's heno? ☑ ....

6. Gaf i fynd os .... chi'n dda?

7. Mae'r dosbarth yn dechrau am .... awr wedi saith.

8. Rhaid .... ni weithio heno.

9. Maen nhw'n dod o .... (Bangor).

10. Mae'r plant .... yr ysgol heddiw.

Papur 2 yw'r Papur Ysgrifennu (30 munud)

Cwestiwn 1 - Cerdyn Post
Llenwch y bylchau:

Annwyl .... (enw'r tiwtor)

Dyma fi yn .... Mae'r tywydd yn .... Cyrhaeddais i

.... (ffordd o deithio) neithiwr. Dw i'n aros mewn

.... Neithiwr bwytais i .... ac yfais i ....

Heddiw dw i'n mynd i ....

.... Heno dw i'n mynd i ....

Dw i wedi prynu .... i ti! Dw i .... eisiau

dod adre! Gwela i ti ....

Nesa, ysgrifennwch frawddegau yn defnyddio'r geiriau yma:

Ffrainc

Caerdydd

tywydd

gwesty

bwyd

nofio

ymlacio

siopa

bwyta

ddoe

heddiw

yfory

Gwnewch y cerdyn post o'r papur arholiad yn y Gwaith cartref.

Cwestiwn 2 – Portread *(Portrait)*
Cofiwch:

- ym Mangor/o Fangor
- yn Nhreffynnon/o Dreffynnon
- yn Nolgellau/o Ddolgellau
- ym Machynlleth/o Fachynlleth
- yn Rhuthun/o Ruthun
- ym Mhwllheli/o Bwllheli
- yng Nghaerdydd/o Gaerdydd
- yn Llandrindod/o Landrindod
- yng Nglyn Ebwy/o Lyn Ebwy

Mae .... gyda fe/gyda hi:

un plentyn/un bachgen/un ferch (ci/gath)

dau o blant/tri o blant/pedwar o blant

dau fachgen/tri bachgen

dwy ferch/tair merch

dau gi/dwy gath

Does dim plant gyda fe/hi.

Aeth e i'r theatr. Roedd e yn y dafarn.

Aeth hi i nofio. Edrychodd hi ar y teledu.

2. **Portread /***Portrait*

Ysgrifennwch 5 brawddeg am y person yn y llun gan ddefnyddio'r wybodaeth yn yr arwyddion o'i chwmpas.
Write 5 sentences about the person in the picture using the information in the surrounding symbols.

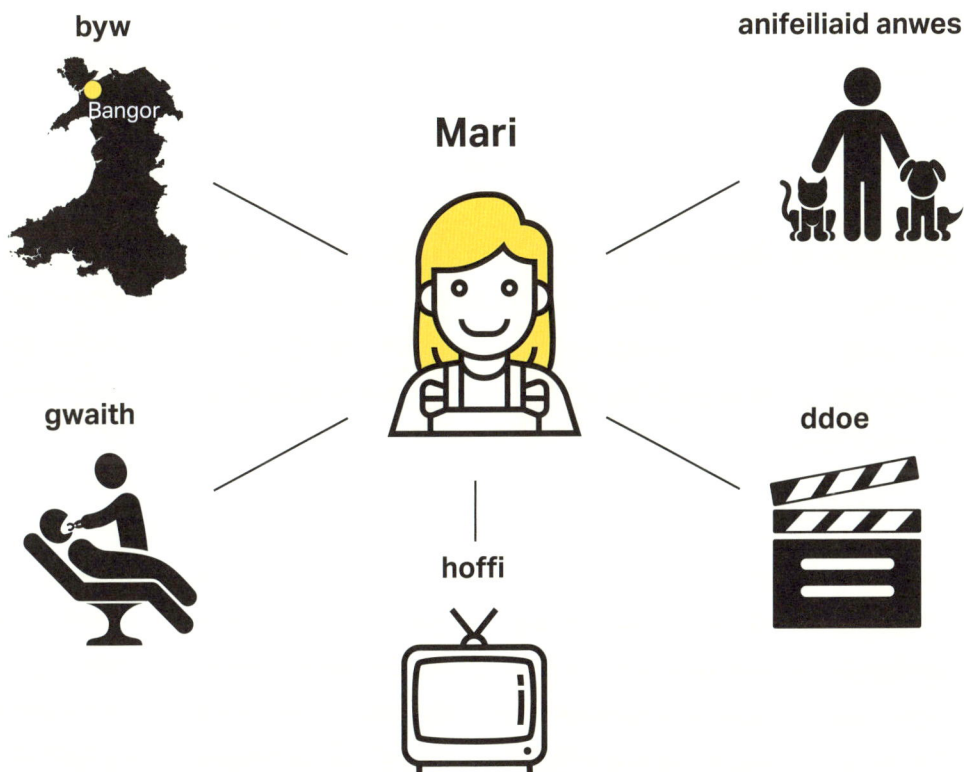

byw

anifeiliaid anwes

Bangor

Mari

gwaith

ddoe

hoffi

Dyma Mari.

1. ....

2. ....

3. ....

4. ....

5. ....

Papur 3 yw'r Gwrando a Deall.
Rhan 1 – Deialog

Mae Lowri a Geraint yn cwrdd mewn siop.

Rhowch lythyren yr ateb cywir yn y blwch:
Put the letter of the correct answer in the box:

1. Beth sy'n bod ar wraig Geraint?

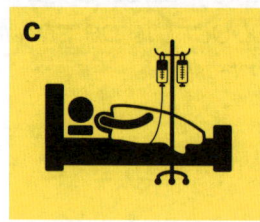

a   b   c   ch

2. Faint fydd oed Siôn yfory?

a	b	c	ch
7	**8**	**9**	**10**

3. Ble bydd parti Siôn?

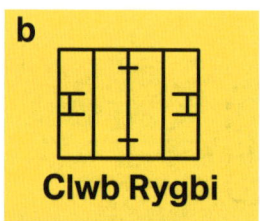

a	b	c	ch
Canolfan Hamdden	Clwb Rygbi	Gartre / Adre	Sinema

4. Pwy sy'n dod i'r parti, ar ôl i'r plant gael bwyd?

a   b   c   ch

5. Beth fydd Siôn yn ei gael ar ei ben-blwydd?

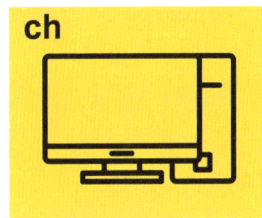

a

b

c

ch

6. Faint gostiodd yr anrheg?

a

£20

b

£50

c

£75

ch

£100

7. Beth mae Siôn yn hoffi ei wneud yn ei amser sbâr nawr?

a

b

c

ch

8. Beth mae Geraint yn mynd i'w brynu nesa?

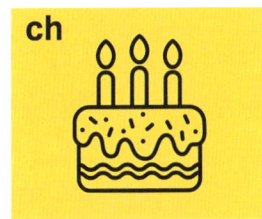

a

b

c

ch

Rhan 2 – Bwletin Tywydd

Llenwch y bylchau gyda'ch partner.

Dyma'r bwletin __ y__ y__.

Roedd hi'n g __ m __ lo __ ddoe.

Roedd hi'n __ t __ r __ u __ iawn neithiwr.

Mae hi'n w __ n __ o __ heddiw.

Mae hi'n s __ ch a __ r __ f nawr.

Ond bydd hi'n n __ w __ o __ ac yn troi'n __ l __ b heno.

Bydd hi'n b __ r __ g __ a __ drwy'r nos.

Yn y bore bydd hi'n __ w __ w e __ r __ , ac yn o __ r iawn.

Erbyn y prynhawn bydd hi'n __ y __ a h __ u __ o __ , diolch byth.

Gorffennwch y brawddegau yma, ar sail yr wybodaeth yn y bwletin. Fyddwch chi ddim yn colli marciau am wallau sillafu.
Complete these sentences on the basis of the information in the bulletin. You will not lose marks for spelling mistakes.

1. **Heddiw, roedd hi'n** ....

2. **Heno, mae hi'n** ....

3. **Yfory, bydd hi'n** ....

4. **Yr wythnos nesa, bydd hi'n** ....

Llenwch y bylchau gyda'ch partner.

Dyma'r bwletin tywydd.

.... da i chi i gyd. Wel, roedd hi'n .... iawn dros Gymru

neithiwr. Ond .... , mae hi'n .... Amser da i .... dyn

eira! Mwynhewch y tywydd .... , achos erbyn bore yfory, bydd

hi'n .... ym mhob man. Bydd ....'n cyrraedd y Gogledd

ddydd Sul eto ond erbyn dydd Llun bydd y tywydd yn .... iawn

ledled Cymru, a drwy'r wythnos wedyn, diolch byth. Os dych chi eisiau

mynd .... rhaid i chi wneud hynny ar ôl .... .A dyna'r

bwletin tywydd.

Rhan 3 - Amserau a phrisiau

punt	ugain punt	chwe phunt	un deg chwech o bunnau	tair punt
am ddim	naw punt	dwy bunt	dwy bunt pum deg	wyth punt
pum punt pum deg	pedair punt	un deg pum punt	saith deg pum ceiniog	pum punt
deg punt	dau ddeg pum punt	pum deg ceiniog	tri deg pum punt	saith punt

Byddwch chi'n clywed 5 hysbysiad am ddigwyddiadau gwahanol. Ysgrifennwch amserau dechrau a phrisau'r digwyddiadau yn y colofnau priodol. Defnyddiwch <u>rifau</u>, e.e. £5.75. Chewch chi ddim marciau am ysgrifennu geiriau.

You will hear 5 announcements about different events.
*Write the start times and the prices of these events in the appropriate columns. Use **numbers**, e.g. £5.75. You will receive no marks for using words.*

Beth	Amser dechrau * Defnyddiwch rifau * *Use numbers*	Pris * Defnyddiwch rifau * *Use numbers*
Noson gomedi		
Taith gerdded		
Trip		
Sioe ffasiwn		
Sadwrn Siarad		

Y Prawf Llafar (siarad)
Rhan 1 yw Darllen deialog
Dych chi wedi bod yn darllen deialogau yn y dosbarth.
Rhan 2 – Ateb Cwestiynau

Yn yr arholiad, byddwch chi'n ateb chwech o'r cwestiynau yma. Gofynnwch y cwestiynau i'ch partner (bob yn ail/*every other*). **Cofiwch ateb gyda 1 frawddeg lawn** *(full sentence)*.

Ble dych chi'n byw?
O ble dych chi'n dod yn wreiddiol?
Oes teulu gyda chi?
Oes anifeiliaid anwes gyda chi?
Sut daethoch chi yma heddiw?
Beth dych chi'n (ei) hoffi ar y teledu?
Sut mae'r tywydd heddiw?
Sut roedd y tywydd ddoe?
Am faint o'r gloch dych chi'n codi fel arfer?
Am faint o'r gloch dych chi'n cael swper fel arfer?
Am faint o'r gloch dych chi'n mynd i'r gwely fel arfer?
Ble dych chi'n dysgu Cymraeg?
Ble aethoch chi i'r ysgol?
Beth yw'ch gwaith chi?
Beth dych chi'n hoffi'i wneud yn eich amser sbâr?
Beth mae'n rhaid i chi'i wneud yfory?
Beth dych chi'n wneud heno?
Beth dych chi'n wneud y penwythnos nesa?
Beth wnaethoch chi neithiwr?
Beth wnaethoch chi ddoe?
Beth wnaethoch chi y penwythnos diwetha?
Ble aethoch chi ar eich gwyliau diwetha?
Beth o'ch chi'n hoffi'i wneud pan o'ch chi'n blentyn?

Nawr, edrychwch ar y cwestiynau mewn italig *(italics)*. **Gofynnwch y cwestiynau i'ch partner eto, ond y tro 'ma, rhaid i chi feddwl am gwestiwn arall.** *(Think of a supplementary question.)*
Defnyddiwch Ble? / Pryd? / Gyda phwy? / Sut? / Beth?
Yn yr arholiad, bydd dau gwestiwn atodol *(supplementary)*.

Rhan 3 – Ateb cwestiynau am y llun.
Cofiwch – brawddegau llawn *(full sentences)*

Dyma lun o berson gyda gwybodaeth amdano. Bydd y cyfwelydd yn gofyn cwestiynau i chi a dylech chi ateb gan ddefnyddio'r wybodaeth a roddir, gan ddefnyddio brawddegau llawn.

Here is a picture of a person with some information about him. The interviewer will ask you questions, and you should answer using the information given, using full sentences.

Dyma Dafydd.

Yn wreiddiol:	Porthmadog
Ddoe:	i'r dre
Teulu:	2 o blant
Gwaith:	athro
Amser sbâr:	*(llun/picture)*

Rhan 4 – Gofyn cwestiwn

Yn olaf, gyda'ch partner meddyliwch am gwestiwn gyda'r geiriau yma yn y cwestiwn. Dych chi'n gallu defnyddio cwestiynau o Ran 2 os dych chi eisiau.

byw	enw	heno
yn wreiddiol	teulu	yfory
gweithio	plant	yr wythnos nesa
gwyliau	car	amser sbâr
mynd	neithiwr	Ble
cerdded	ddoe	Pryd
darllen	yr wythnos diwetha	Sut
gallu	penwythnos diwetha	Faint
hoffi	i swper	o'r gloch
tywydd	i frecwast	gwyliau

Gwaith cartref
Unedau 1 – 27

Gwaith cartref Uned 1 (un)

---

1. Atebwch/Gofynnwch y cwestiynau/*Answer/Ask the questions***:**

Pwy dych chi? ....

Sut dych chi? ....

.... ? Aberystwyth

.... ? Iawn, diolch.

2. Yr Wyddor

Llenwch y bylchau gyda'r llythyren goll (*Fill in the gaps with the missing letter*):

A	B		Ch	D	
E	F		G		H
	J	L		M	N
O	P		R		S
T		U		Y	

3. Ysgrifennwch y rhifau ffôn mewn geiriau /
Write the telephone numbers in words:

0300 323 4324 Y Ganolfan Dysgu Cymraeg Genedlaethol/
The National Centre for Learning Welsh

....

01758 750334 (Nant Gwrtheyrn)

....

01970 63963 Mudiad Meithrin –
Welsh Early Years Specialists

....

4. *Write the appropriate greetings for the time of day:*

....

....

Gair gan y tiwtor/*A word from the tutor:*

....

....

....

....

....

....

Gwaith cartref Uned 2 (dau)

1. Sut wyt ti?

A

....

B

....

C

....

CH

....

D

....

2. Atebwch *(with a full sentence):*

i. Wyt ti'n lico cyrri? ....

....

ii. Wyt ti'n lico smwddio? ....

....

iii. Wyt ti'n hoffi dawnsio? ....

....

iv. Wyt ti'n darllen papur newydd? ....

....

v. Wyt ti'n mynd i'r dosbarth Cymraeg yfory? ....

....

3. Atebwch *(with a full sentence):*

Beth wyt ti'n lico? ....

....

Beth wyt ti'n hoffi ar y teledu? ....

....

4. Translate:

Hello, how are you? I am John. I read (name a newspaper). I don't like (name a TV programme). Bye!

....

....

....

5. Geirfa

Llenwch y bylchau *(Fill in the gaps).*

B_ nd_ g _ d _ g   N _ s _ a _ th

D_ w_ s_ o   Pê _ -d _ o _ d

Gair gan y tiwtor/*A word from the tutor:*

....

....

....

....

....

....

Gwaith cartref Uned 3 (tri)

1. Darllenwch y ddau tecst/_Read the two text messages:_

Helô Lowri

**Nos Wener – hwrê!
Wyt ti eisiau pitsa i
swper?**

Hwyl, Ffion

Haia Ffion

**Ydw, plîs, dw i eisiau
pitsa, a dw i eisiau
hufen iâ!**

Hwyl, Lowri

Llenwch y bylchau/_Fill in the gaps with different words:_

Helô ....

Nos .... - hwrê!

Wyt ti eisiau .... **i swper?**

Hwyl, ...

Haia ....

Ydw, plîs, dw i eisiau ....

a dw i eisiau ....!

Hwyl, ...

2. Llenwch y bylchau _(Fill in the gaps)_

i. Dw i eisiau .... y _Daily Times_ heddiw.

ii. Dw i .... mynd i'r dosbarth nofio yfory.

iii. Dw i .... eisiau bwyta cyrri Findalŵ.

iv. 'Dyn .... eisiau gweld _Batman_.

3. Cyfieithwch/ *Translate:*

I eat ice cream. ....

I want to eat ice cream. ....

I don't want to eat ice cream. ....

4. Newidiwch *(change)* YN i EISIAU

i. Dw i'n chwarae rygbi heno. ...... Dw i eisiau chwarae rygbi heno. ....

ii. Dw i'n chwarae cardiau heno. ....

iii. Dw i ddim yn gweithio heddiw. ....

iv. Dw i'n darllen y papur newydd. ....

v. 'Dyn ni'n cael cyrri heno. ....

vi. 'Dyn ni ddim yn bwyta pitsa. ....

Gair gan y tiwtor/ *A word from the tutor:*

....

....

....

....

....

Gwaith cartref Uned 4 (pedwar)

1. Llenwch y bylchau

i. 'Dyn ni'n .... i Aberystwyth ar wyliau.

ii. O .... dych chi'n dod?

iii. Ble rwyt ti'n mynd .... Fawrth?

iv. .... rwyt ti'n chwarae golff?

2. Atebwch (mewn brawddegau llawn/*in full sentences):*

i. O ble rwyt ti'n dod yn wreiddiol?

....

ii. Ble rwyt ti'n mynd yfory?

....

iii. Beth wyt ti'n mynd i wneud nos yfory?

....

iv. Beth wyt ti'n mynd i wneud dydd Sul?

....

v. Ble rwyt ti'n lico mynd ar wyliau?

....

vi. Sut wyt ti'n dod i'r dosbarth?

....

3. Helô bawb, dw i ddim yn dod i'r dosbarth yr wythnos nesa...

Ysgrifennwch neges/ebost byr i'r dosbarth – dych chi'n mynd i ffwrdd yr wythnos nesa. Ysgrifennwch ble dych chi'n mynd, beth dych chi'n mynd i wneud, beth dych chi'n mynd i weld.

Write a short note/email to the class to say that you are going away next week. Write where you are going and what you are going to do and see.

....

....

....

....

....

....

....

....

Gair gan y tiwtor/*A word from the tutor:*

....

....

....

....

....

....

Gwaith cartref Uned 5 (pump)

1. Atebwch/_Answer:_

i. Beth wnaethoch chi prynhawn ddoe? ....

ii. Beth wnaethoch chi bore ddoe? ....

iii. Beth wnaethoch chi dydd Sadwrn? ....

iv. Beth wnaethoch chi nos Wener? ....

2. Llenwch y bylchau/_Fill in the gaps:_

i. Bwytais i......................... neithiwr.

ii. .... i yn y tŷ neithiwr.

iii. .... i'r gwaith cartre.

iv. .... i lyfr neithiwr.

v. .... i _Pobol y Cwm_ ddoe.

3. Trefnwch y ddeialog/_Make a dialogue. The box on the left hand side is in the correct order._

Beth wnest ti neithiwr?	Garmon Ifans?
Gwyliais i'r gêm hefyd. Dw i'n hoffi rygbi.	Ydw, dw i'n mynd i redeg gyda Garmon.
Yn y clwb, gyda Garmon.	Gwyliais i'r gêm rygbi. Beth wnest ti?
Ie. Wyt ti'n nabod Garmon?	Ble? Arhosais i yn y tŷ.
Byd bach!	

4. Geirfa/Vocabulary:

i. lle i ddarllen llyfrau ....

ii. lle i brynu stamp ....

iii. lle i chwarae ....

iv. lle i weld ffilm ....

v. lle i yfed gyda ffrindiau ....

Gair gan y tiwtor/A word from the tutor:

....

....

....

....

....

....

Gwaith cartref Uned 6 (chwech)

---

1. Ysgrifennwch y rhifau:

37 ....   28 ....

64 ....   59 ....

71 ....   16 ....

42 ....   83 ....

100 ....

2. Sut mae'r tywydd yn:

i. Siberia? ....

ii. Y Sahara? ....

iii. Malaga? ....

iv. Skegness? ....

v. Iwerddon? ....

3. Disgrifiwch *(describe)* Gareth a'r teulu Jones. Dilynwch y patrwm *(follow the pattern)*:

MACHYNLLETH

Rhian
Dod o: Machynlleth
Lico: chwarae tennis
Ar wyliau: Wimbledon

BRYNAMAN

Gareth
Dod o: Brynaman
Lico: gwylio rygbi
Ar wyliau: Iwerddon

CAERDYDD

Teulu Jones
Dod o: Caerdydd
Hoffi: Ffilmiau cartŵn
Ar wyliau: Eurodisney

Dyma Rhian. Mae hi'n dod o Fachynlleth yn wreiddiol. Mae hi'n hoffi chwarae tennis. Mae hi'n mynd i Wimbledon ar wyliau.

Dyma Gareth ....

....

Dyma'r teulu Jones ....

....

4. Atebwch:

i. Sut mae'r tywydd heddiw? ....

....

ii. Sut mae'r gwaith? ....

....

iii. Sut mae'r teulu? ....

....

iv. Sut mae'r dosbarth Cymraeg? ....

Gair gan y tiwtor/_A word from the tutor:_

....

....

....

....

....

....

Gwaith cartref Uned 7 (saith)

1. Atebwch y cwestiwn: (gyda brawddeg!)

Ydy hi'n braf?

Ydy hi'n bwrw eira?

Ydy hi'n stormus?

Ydy hi'n wyntog?

Ydy hi'n bwrw glaw?

2. Faint o'r gloch yw hi?

3. Gofynnwch ddau gwestiwn am berson enwog/Ask two questions about a famous person.

....

....

4. Atebwch y cwestiynau yma/Answer the questions here.

....

....

5. Ysgrifennwch bum brawddeg am gaffi/tŷ bwyta yn yr ardal/
Write five sentences about a cafe/restaurant in the area.

....

....

....

....

....

Gair gan y tiwtor/A word from the tutor:

....

....

....

....

....

....

Gwaith cartref Uned 8 (wyth)

1. Beth yw gwaith y bobl yma?
Dilynwch y patrwm/_Follow the pattern:_

Dyma Marc. Meddyg yw e. Mae e'n gweithio mewn meddygfa.

Nia ....

....

Siân ....

....

Tomos ....

....

2. Cyfieithwch / _Translate:_

i. _May I pay?_ ....

ii. _May I start?_ ....

iii. _May I leave?_ ....

iv. _May I have tickets?_ ....

v. _May I have cream?_ ....

3. Ysgrifennwch baragraff yn cyflwyno eich hun/
Write a paragraph introducing yourself

....

....

....

....

....

....

....

....

....

....

Gair gan y tiwtor/*A word from the tutor:*

....

....

....

....

....

....

Gwaith cartref Uned 9 (naw)

1. Atebwch:

i. Beth wnaethoch chi neithiwr? ....

ii. Beth wnaethoch chi bore ddoe? ....

iii. Beth fwytoch chi i frecwast heddiw? ....

iv. Beth brynoch chi ddoe? ....

2. Atebwch. Dilynwch yr esiampl. *Follow the example.*

i. Beth wnaeth John yn y llyfrgell?

Darllenodd e bapur newydd.

....

ii. Beth wnaeth y plant yn pwll nofio?

....

iii. Beth wnaethon ni yn y disgo?

....

iv. Beth wnaethoch chi yn y sinema?

....

v. Beth wnest ti yn y siop ddillad?

....

vi. Beth wnaeth y dosbarth yn y wers?

....

3.Beth yw'r gair?

lle i goginio ....

♫♪ ....

Mae'r Beatles yn dod o ....

mynd ar y beic ....

Mae tîm pêl-droed mawr yma.   A __ __ __ __ __ __ e.

4. Cyn y wers nesa:

Anfonwch ebost at eich tiwtor yn dweud beth wnaethoch chi dros y penwythnos/Send an email to your tutor saying what you did over the weekend.

Gair gan y tiwtor:

....

....

....

....

....

....

Gwaith cartref Uned 10 (deg)

---

1. Atebwch mewn brawddegau llawn:

i. Sut est ti i Sbaen? ....

....

ii. Sut aeth y teulu i Lundain? ....

....

iii. Sut aeth Capten Hook i'r Caribî? ....

....

iv. Sut aethon ni adre? ....

....

v. Sut aeth hi ar y trip ysgol? ....

....

2. Atebwch: (Cofiwch: Es i ddim ma's...)

i. Ble aethoch chi nos Wener? ....

....

ii. Ble aethoch chi dydd Sadwrn? ....

....

iii. Ble aethoch chi dydd Sul? ....

....

iv. Ble aethoch chi nos Sul? ....

....

3. Llenwch y bylchau gyda'r berfau yn y bocs/
Fill in the gaps. Use the verbs in the box.

Dros y penwythnos aeth y teulu i lan y môr. ....

mam yn y môr, ... dad. ....

y plant hufen iâ.

nofio	bwyta	ymlacio

4. Ysgrifennwch y tymor/Write the name of the season.*

i. Pryd mae Dydd Gŵyl Dewi? ....

ii. Pryd mae Dydd Nadolig? ....

iii. Pryd mae'r dail yn oren, coch a melyn ar y coed? ....

iv. Pryd mae'r tennis yn Wimbledon? ....

Gair gan y tiwtor:

....

....

....

....

....

....

Gwaith cartref Uned 11 (un ar ddeg)

1. Llenwch y bylchau/Fill in the gaps:

i. Ces i / Ges i .... ddoe.

ii. Cest ti / Gest ti .... newydd.

iii. Cafodd Kylie / Gaeth Kylie ....

iv. Cawson ni / Gaethon ni .... newydd.

v. Gawsoch chi / Gaethoch chi .... ?

vi. Ches i ddim ....

2. Atebwch

i. Beth gest ti i ginio ddoe? ....

....

ii. Beth gawsoch chi / gaethoch chi i swper ddoe? ....

....

iii. Beth gafodd / gaeth Pierre i frecwast bore 'ma? ....

....

iv. Beth gafodd / gaeth y plant i ginio yn yr ysgol? ....

....

3. Aethoch chi i siopa gyda ffrindiau. Dilynwch y patrwm:

i. Es i i'r siop chwaraeon, *ces / ges i bêl rygbi.*

ii. Aeth Aled i'r siop lyfrau, ...

iii. Aethon ni i'r siop ffrwythau, ...

iv. Aeth y plant i'r siop siocledi, ...

v. Aeth Mair i'r siop gacennau, ...

vi. Est ti i'r siop ddillad, ...

vii. Aethoch chi i'r farchnad, ...

4. Beth yw'r gair?

'Dyn ni'n bwyta .... ham, caws a salad i ginio.

pêl-droed, rygbi, tennis, golff = ...

Dw i'n..................... 'r car yn y garej.

bananas, afalau, orennau = ...

tatws a moron = ...

Gair gan y tiwtor:

....

....

....

....

....

Gwaith cartref Uned 12 (deuddeg)

1. Trowch i'r negyddol/_Change to the negative:_

i. Mae problem gyda fi. ....

ii. Mae amser gyda fi. ....

iii. Mae gwaith gyda fi. ....

iv. Mae syniad gyda fi. ....

2. Atebwch (brawddegau llawn/_full sentences)_

i. Oes car gyda ti? ....

ii. Oes ffôn symudol gyda ti? ....

iii. Oes gwaith cartref gyda ti? ....

iv. Oes dosbarth gyda ti yr wythnos nesa? ....

v. Oes cyfarfod gyda ti yr wythnos nesa? ....

3. Chwilair: Teulu ac anifeiliaid _(Word search)_

g	ch	a	b	th	c	ch	t
w	d	w	a	r	b	d	a
r	l	c	a	r	i	a	d
a	dd	a	m	e	m	e	f
i	r	e	n	t	r	a	p
g	r	ŵ	g	t	ff	g	m
ch	c	e	ff	y	l	ng	a
c	i	n	u	c	d	a	t
m	a	m	g	u	i	a	t

merch, brawd, cariad, cath, chwaer, ci, tad, mam, gwraig, ceffyl, gŵr, mam-gu, tad-cu, partner.

4. Ysgrifennwch chwe brawddeg am ffrind, e.e.

Mae ffrind gyda fi. Mari yw hi. Mae dau o blant gyda hi. Mae car Volvo gwyrdd gyda hi. Mae ci Labrador gyda hi. Mae gwallt du gyda hi.

....

....

....

....

....

....

5. Beth yw'r gair?

cath, ci, pysgodyn ....

Maen nhw'n rhedeg yn y Grand National. ....

brawd a ....

Dych chi'n .... yn y gwely yn y nos. 😴

Dych chi'n gorfod cael un i weld meddyg. ....

Gair gan y tiwtor:

....

....

....

....

....

....

Gwaith cartref Uned 13 (un deg tri)

---

1. Newidiwch o heddiw i ddoe. Dilynwch y patrwm:

i. Mae hi'n brysur heddiw. >....*Roedd hi'n brysur ddoe.*.....................

ii. Mae hi'n oer heddiw. >..

iii. Mae problem gyda fi heddiw. >..

iv. Mae gwaith cartref gyda'r plant heddiw. >...............................

v. Mae ateb da gyda nhw heddiw. >..

vi. Mae bola tost gyda fe heddiw. >...

2. Pam doedd pawb ddim yn y dosbarth yr wythnos diwetha?
Ysgrifennwch reswm i bum person. *Write a reason for five people's absence from last week's class. Use their names.*

i. ....

ii. ....

iii. ....

iv. ....

v. ....

3. Sut roedd y tywydd?
Erbyn y wers nesa, ysgrifennwch ddyddiadur tywydd *(write a weather diary)* **am bob diwrnod.**

....

....

....

....

....

....

....

....

....

4. Beth yw'r gair?

Maen nhw'n dda i gario siopa. ....

☹ ....

dau berson neu ddau beth? ....

da iawn, iawn, iawn ....

2019 (.......................), 2020 (nawr), 2021 (y flwyddyn nesa)

Gair gan y tiwtor:

....

....

....

....

....

Gwaith cartref Uned 14 (un deg pedwar)

1. Atebwch:

i. Ble dych chi'n byw? ....

....

ii. Ble dych chi'n gweithio? ....

....

iii. Ble ro'ch chi'n byw pan o'ch chi'n blentyn? ....

....

iv. Ble ro'ch chi'n arfer gweithio? ....

....

v. Beth o'ch chi'n hoffi ei wneud pan o'ch chi'n blentyn? ....

....

2. Edrychwch ar y lluniau ac atebwch y cwestiynau.
(Look at the boxes and answer the questions.)

CAERDYDD	Dyma Carwyn. Ble mae e'n byw ac yn gweithio?	
GLYNEBWY	Dyma Gwen. Ble mae hi'n byw ac yn gweithio?	
TALYBONT	Dyma Tomos. Ble roedd e'n byw ac yn gweithio?	
DOLGELLAU	Dyma Delyth. Ble roedd hi'n byw ac yn gweithio?	

PENARTH		Dyma Prys. Ble roedd e'n byw ac yn gweithio?	
BANGOR		Dyma Bryn a Berwyn. Ble ro'n nhw'n byw ac yn gweithio?	

i. ....

ii. ....

iii. ....

iv. ....

v. ....

vi. ....

3. **Ysgrifennwch ebost at y tiwtor yn dweud ble ro'ch chi a beth wnaethoch chi dros y penwythnos.**

Gair gan y tiwtor:

....

....

....

....

....

Gwaith cartref Uned 15 (un deg pump)

---

1. **Ysgrifennwch bum cwestiwn yn defnyddio'r geiriau yma /** *Write five questions using these words***:**

i.   **byw** ....

ii.   **teulu** ....

iii. **neithiwr** ....

iv.   **swper** ....

v.   **Sut** ....

2. Ysgrifennwch 5 brawddeg am y person yn y llun gan ddefnyddio'r wybodaeth yn yr arwyddion o'i chwmpas. / *Write 5 sentences about the person in the picture using the information in the symbols around her.*

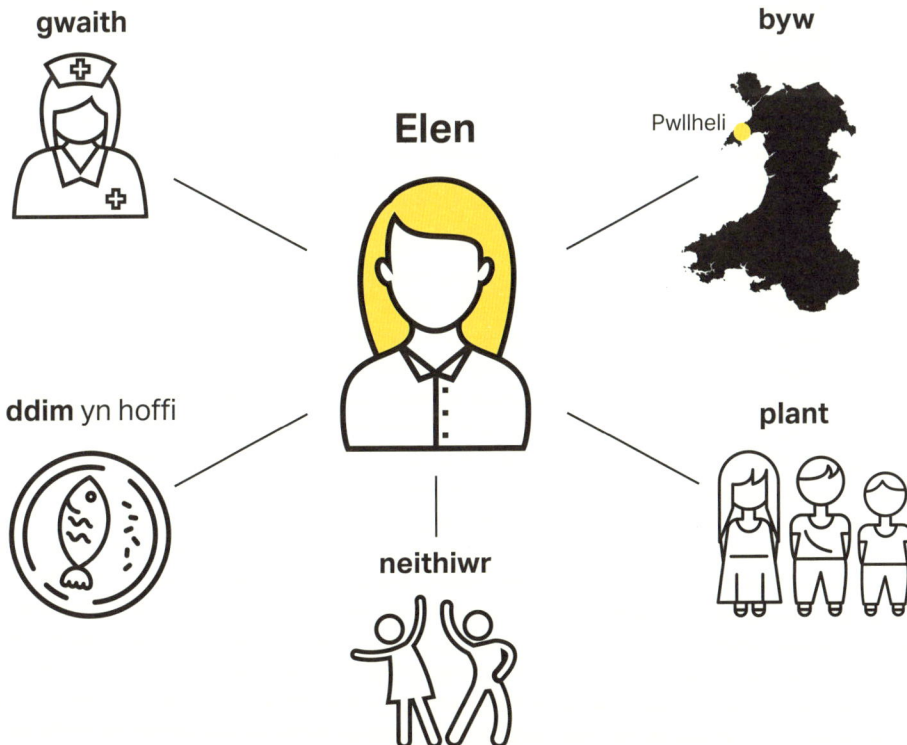

gwaith

byw

Pwllheli

Elen

ddim yn hoffi

plant

neithiwr

Dyma Elen.

i.   ....

ii.   ....

iii. ....

iv. ....

v. ....

3. Ysgrifennwch gerdyn post at y tiwtor:

Annwyl ....

Dyma fi yn .... Roedd y daith yma yn ....

Mae hi'n ....heddiw ond roedd hi'n ....ddoe.

Aethon ni i weld .... ddoe. Heddiw 'dyn ni'n mynd

i ....

'Dyn ni'n aros mewn .... Mae e'n ....

Dw i'n bwyta .... bob dydd ac yn yfed ....

Dw i .... eisiau dod adre!

Gwela i chi ....

Gair gan y tiwtor:

....

....

....

....

....

....

Gwaith cartref Uned 16 (un deg chwech)

1. Ysgrifennwch yn llawn:

£5.50	£4.30	£6.60	£9.85
....	....	....	....
....	....	....	....

02:45	14:20	16:25	16:35
....	....	....	....
....	....	....	....

2. i. Faint o'r gloch dych chi'n codi fel arfer?

....

ii. Faint o'r gloch dych chi'n cael cinio fel arfer?

....

iii. Faint o'r gloch dych chi'n cael swper fel arfer?

....

iv. Faint o'r gloch dych chi'n mynd i'r gwely fel arfer?

....

3. Ysgrifennwch bum cwestiwn yn defnyddio'r geiriau yma/
Write 5 questions using these words:

i. yn wreiddiol .... ?

ii. gweithio .... ?

iii. yfory .... ?

iv. tywydd .... ?

v. gwyliau .... ?

4. Darllenwch yr hysbysebion ac atebwch y cwestiynau/
Read the advertisements and answer the questions:

Trip Rygbi

Mae'r clwb rygbi'n trefnu trip i weld gêm
Cymru yn erbyn Ffrainc
ar 18 Mawrth yn Stadiwm Caerdydd.
Bws yn gadael maes parcio'r eglwys am 8.00 y bore.
Cost: £60 (yn cynnwys tocyn i'r gêm a bws)
£35 i blant ysgol.
Tocynnau ar gael yn y clwb rygbi
neu ffoniwch John ar 01234 987650.
Sieciau: Clwb Rygbi Abercastell.

Cwmni Drama'r Dre

yn perfformio "Castell y Nos"
gan Mari James yn Theatr yr Ysgol.
Chwefror 24-25.
Drysau'n agor am 6.30.
Perfformiad yn dechrau am 7.00.
Pris: £8 (£4 i blant ysgol).
Tocynnau ar gael yn swyddfa'r ysgol
01234 567890.

Bore Coffi

i Ddysgwyr Cymraeg
Yn Neuadd y Dre, Abercastell
(drws nesa i'r siop fara).
Dydd Gŵyl Dewi, Mawrth 1af
yn dechrau am 10 am tan 1 pm.
Mae te, coffi a bisged/bara brith
ar gael am ddim.
Croeso i bawb!

Llenwch y bylchau:

i. Mae .... yn chwarae yn erbyn Cymru yn y gêm.

ii. Mae'r bws yn gadael o ....

iii. Mae'r trip yn costio ....

iv. .... ysgrifennodd y ddrama.

v. Mae'r ddrama'n dechrau am ....

vi. Mae tocyn hanner pris i ....

vii. Mae'n bosib prynu tocyn i'r ddrama ....

viii. Mae neuadd Abercastell ....

ix. Mae'r bore coffi'n gorffen am ....

x. Yn y bore coffi mae coffi ....

xi. Dych chi ac un plentyn eisiau mynd i'r gêm yng Nghaerdydd.

Faint yw e? ....

Gair gan y tiwtor:

....

....

....

....

....

....

Gwaith cartref Uned 17 (un deg saith)

1. Atebwch:

i. Fydd hi'n braf yfory? ....

ii. Fydd dosbarth yr wythnos nesa? ....

iii. Fydd hi'n oer yn Alaska heno? ....

2. Ysgrifennwch bum cwestiwn yn defnyddio'r geiriau yma:

i. ddoe ....

ii. pryd ....

iii. hoffi ....

iv. heno ....

v. plant ....

3. Darllenwch yr hysbysebion ac atebwch y cwestiynau:

Noson Gomedi Gymraeg

Bar Glyndŵr, Gwesty'r Saith Seren, Bryncastell
Nos Wener Gorffennaf 16
8.00 i 11.30
Gyda Twm Tomos o
"Comedi Cymru"
Disgo o'r 70au wedyn
Mynediad: £6 yn cynnwys un ddiod
Dewch i chwerthin yn Gymraeg!

Ffair Haf Melin y Cwm

Maes chwarae Ysgol y Felin.
Gorffennaf 24
Bydd seren S4C Llio Llwyd yn agor y Ffair am 10 o'r gloch.
Castell Neidio, cystadleuaeth carioci, twrnament pêl-droed 5 bob ochr. Bydd lemonêd melyn, te a choffi ar werth. Mynediad am ddim i blant ysgol, £2 i oedolion. Dewch i gefnogi'r ysgol – a dewch i gael hwyl!

Dych chi'n hoffi mynd ar wyliau i Sbaen?

Mae Gwersi Sbaeneg yn Gymraeg ar gael yma yn y dre!
Gyda Ricardo Roberts o Batagonia.
Dim ond £80 am 20 gwers. Hanner pris i bobl ddi-waith.
Coleg Abercastell, bob nos Fercher (dim gwyliau ysgol).
Yn dechrau Medi 10, o 7 i 9 o'r gloch.
Croeso i bawb!

i. Pryd mae'r noson gomedi yn gorffen?

....

ii. Beth fydd yn digwydd ar ôl y comedi?

....

iii. Beth dych chi'n ei gael am £6 yn y noson gomedi?

....

iv. Faint o'r gloch mae'r ffair yn dechrau?

....

v. Beth dych chi'n gallu ei brynu yn y ffair?

....

vi. Faint yw pris tocyn i'r ffair os dych chi'n 15 oed?

....

vii. O ble mae'r tiwtor Sbaeneg yn dod?

....

viii. Faint dych chi'n ei dalu am y cwrs os dych chi ddim yn gweithio?

....

ix. Ble mae'r gwersi Sbaeneg?

....

x. Pryd fydd dim gwersi Sbaeneg?

....

4. **Portread/***Portrait*

Ysgrifennwch 5 brawddeg am y person yn y llun gan ddefnyddio'r wybodaeth yn yr arwyddion o'i chwmpas.
Write 5 sentences about the person in the picture using the information in the surrounding symbols.

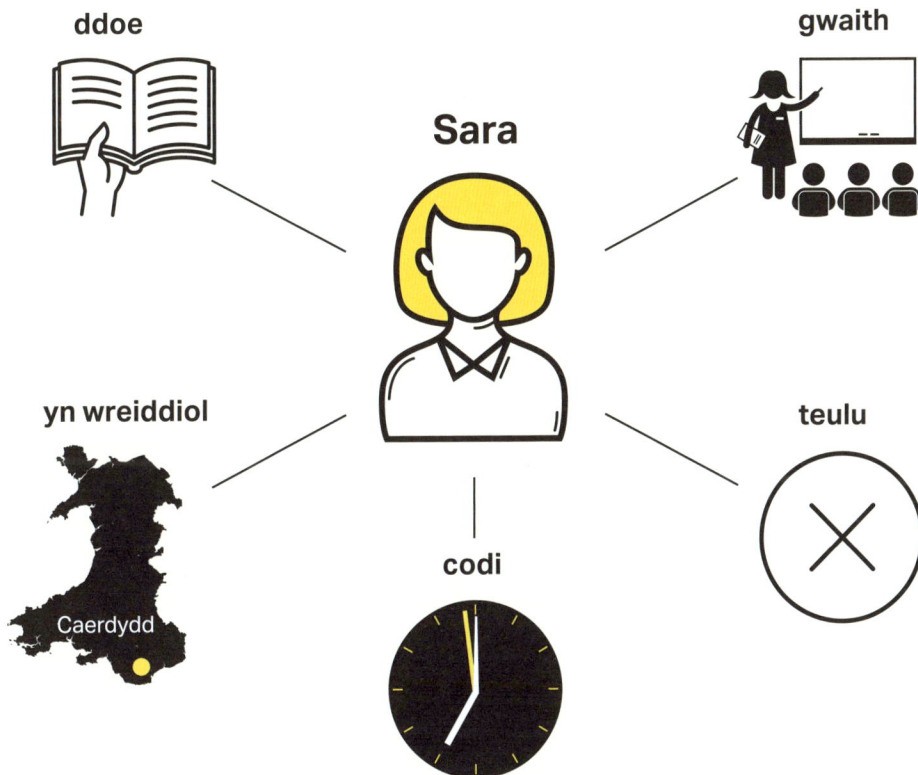

ddoe

gwaith

Sara

yn wreiddiol

Caerdydd

teulu

codi

Dyma Sara.

i. ....

ii. ....

iii. ....

iv. ....

v. ....

5. Ysgrifennwch bedair brawddeg yn disgrifio'r tywydd yn yr ardal:
(Write four sentences describing the weather in the area)

Roedd .... neithiwr.

Mae .... heddiw.

Bydd .... heno.

Bydd .... yfory.

Gair gan y tiwtor:

....

....

....

....

....

....

Gwaith cartref Uned 18 (un deg wyth)

1. Rhowch y brawddegau mewn trefn ac yna atebwch y cwestiwn/
Unscramble the sentences and then answer the question.

chi   wneud nesa ?   penwythnos   fyddwch   beth 'n   y

....

....

ar ?   'n   nesa   byddwch ble   mynd   wyliau   chi

....

....

byddi   gyda   mynd   phwy di   ?   wyliau   'n   ar

....

....

di   mynd   'n   gwely   pryd heno ?   byddi   i'r

....

....

2. Ysgrifennwch bum cwestiwn yn defnyddio'r geiriau yma:

i. y penwythnos diwetha ....

ii. o'r gloch ....

iii. cerdded ....

iv. car ....

v. mynd ....

3. **Bydd y tiwtor yn gofyn yr wythnos nesa dych chi wedi bod mewn Eisteddfod erioed. Os dych chi WEDI bod i Eisteddfod, ysgrifennwch dipyn bach i ddweud wrth y dosbarth (Pryd, ble, pam!)**

....

....

....

4. **Ysgrifennwch ebost at y tiwtor yn ymddiheuro eich bod chi'n mynd i golli'r wers nesa. Defnyddiwch "Bydda i/Byddwn ni" i esbonio/** *Write an email to your tutor apologising for missing the next lesson. Use* **"Bydda i/Byddwn ni"** *to explain.*

....

....

....

....

....

Gair gan y tiwtor:

....

....

....

....

....

Gwaith cartref Uned 19 (un deg naw)

---

1. Ailysgrifennwch y paragraff "Ynganu" gyda eich gwybodaeth eich hun/
Rewrite the "Ynganu" paragraph with your own information.

....

....

....

....

....

2. Ysgrifennwch bum cwestiwn yn defnyddio'r geiriau yma:

i. faint ....

ii. yr wythnos nesa ....

iii. i frecwast ....

iv. darllen ....

v. ble ....

3. Llenwi bylchau *Gap-filling*
Llenwch y bylchau yn y brawddegau yma, gan ddefnyddio'r sbardun:
Fill the gaps in these sentences, using the prompts:

i. Dw i ddim yn gwybod ble mae fy .... i.

ii. Beth yw pris y tocyn? .... punt. (£3)

iii. Wyt ti'n mynd i'r dosbarth heddiw? ....

iv. Beth .... (gwneud) ti neithiwr?

v. Mae hi'n .... iawn heddiw.

vi. Mae hi'n gweithio .... siop.

vii. Sut .... 'r tywydd heddiw?

viii. Dw i'n hoffi gwrando .... y radio.

ix. .... y gêm yn dda iawn ddoe.

x. Mae hi'n bump .... gloch.

4. Erbyn yr wythnos nesa, dewch â llun o deulu/ffrindiau i ddisgrifio i'r dosbarth – pwy ydyn nhw, ble maen nhw/ro'n nhw'n byw. Ysgrifennwch nodiadau *(notes)* **i helpu.**

....

....

....

....

Gair gan y tiwtor:

....

....

....

....

....

....

Gwaith cartref Uned 20 (dau ddeg)

1. **Trowch**(*Turn*) **o chi i ti:**

i. Beth yw'ch enw chi? ....

ii. Beth yw lliw eich gwallt chi? ....

iii. Beth yw'ch rhif ffôn chi? ....

iv. Beth yw oed eich plentyn chi? ....

v. Beth yw mêc eich car chi? ....

Trowch o ti i chi:

i. Beth yw lliw dy lygaid di? ....

ii. Beth yw rhif dy dŷ di? ....

iii. Beth yw rhif dy gar di? ....

iv. Beth yw dy gyfeiriad di? ....

v. Beth yw dy waith di? ....

2. Ysgrifennwch bum cwestiwn yn defnyddio'r geiriau yma:

i. y penwythnos nesa ....

ii. gallu ....

iii. enw ....

iv. amser sbâr ....

v. yr wythnos diwetha ....

3. Darllenwch y ddeialog ac atebwch y cwestiynau

Angharad: Helô, Gwyn. Wyt ti'n mynd i'r pwll?

Gwyn: Nac ydw. Dw i ddim yn gallu nofio o gwbl, ond mae'r plant yn y dosbarth nofio.

Angharad: Mae fy mhlant i'n dysgu nofio ar nos Lun, ond maen nhw mewn dosbarth jiwdo heno. Dyna pam dw i'n mynd i'r caffi yma. Wyt ti eisiau dod am goffi?

Gwyn: Dim diolch. Dw i'n mynd i chwarae badminton. Beth yw oed dy blant di, 'te? Tua deg oed?

Angharad: Nage, mae Jac yn ddeuddeg a bydd Siân yn wyth y mis nesa.

Gwyn: Wel, maen nhw'n tyfu'n gyflym! Mae fy mhlant i'n bump ac yn chwech oed erbyn hyn. Wyt ti'n dal i weithio yn y swyddfa?

Angharad: Nac ydw. Dw i'n gweithio'n rhan-amser yn siop y garej. Mae'n braf iawn – dim gwaith papur!

Gwyn: Bendigedig! Mae gwaith papur gyda fi drwy'r amser yn yr ysgol. Ddest ti i weld ein cyngerdd ni yn yr ysgol neithiwr?

Angharad: Naddo. Ro'n i'n gweithio. Est ti?

Gwyn: Do, wrth gwrs. Roedd e'n dda iawn. Roedd y plant wedi ymarfer am wythnosau.

Angharad: Dw i'n siŵr. Wel, pob hwyl gyda'r badminton!

Gwyn: Diolch!

Enw	Beth maen nhw'n mynd i wneud heno?	Ble maen nhw'n gweithio?	Ble aethon nhw neithiwr?
Gwyn			

Angharad		
Enw	**Beth maen nhw'n mynd i wneud heno?**	**Oed nawr?**
Plant Gwyn		
Plant Angharad		

3. Ysgrifennwch bum brawddeg am beth dych chi'n hoffi ei wneud yn eich amser sbâr.

....

....

....

....

....

....

....

....

....

Gair gan y tiwtor:

....

....

....

....

....

Gwaith cartref Uned 21 (dau ddeg un)

1. Newidiwch chi > ti:

i. Golchwch eich car! ....

ii. Ewch adre! ....

iii. Byddwch yn ofalus! ....

iv. Trowch i'r dde. ....

2. Newidiwch ti > chi:

i. Paid â phoeni! ....

ii. Dere 'ma! ....

iii. Cofia dy allweddi! ....

iv. Gwna dy waith! ....

3. Rhowch gyngor i rywun – sut i ddysgu Cymraeg yn dda/_Give someone advice on how to learn Welsh._

i. ....

ii. ....

iii. ....

4. Edrychwch ar yr arwyddion. Dwedwch wrth ffrind beth i wneud/_Look at the signs and tell your friend what they must do._

Dim ffordd allan
No exit

CERDDWYR
PEDESTRIANS
→

Allanfa dân
Fire exit ↓

SLOW
ARAF

i. ....

ii. ....

iii. ....

iv. ....

v. ....

5. Ysgrifennwch nodyn at eich ffrind yn dweud bod chi'n mynd i ffwrdd am wythnos. Gofynnwch i'ch ffrind wneud pedwar peth yn y tŷ/yr ardd/y dre/y gwaith/*Write a note to your friend saying that you are going away for a week. Ask your friend to do 4 jobs in the house/garden/town/work.*

6. Ysgrifennwch gwestiwn yn defnyddio'r geiriau yma:

i. Sut ....

ii. Byw ....

iii. Neithiwr ....

iv. Teulu ....

v. I swper ....

7. Edrychwch o gwmpas *(around)* **ble dych chi'n byw erbyn yr wythnos nesa a ffeindiwch arwyddion Cymraeg neu ddwyieithog** *(bilingual)* **– tynnwch lun gyda chamera neu ffôn os dych chi'n gallu!**

Gair gan y tiwtor:

....

....

....

....

....

Gwaith Cartref Uned 22 (dau ddeg dau)

1. **Beth yw'r cwestiwn? Dilynwch y patrwm:**

Mae Wrecsam yn chwarae heno.   Pwy sy'n chwarae heno?

i.   Mae Sam yn gweithio dydd Sadwrn.

....

....

ii.   Mae Jac yn byw yn y pentref.

....

....

iii. Mae ugain yn mynd i'r parti.

....

....

iv. Mae deg o blant ar y cwrs.

....

....

v.   Mae Mari ar y ffôn.

....

....

vi. Mae drama newydd ar S4C heno.

....

....

2. Ysgrifennwch gerdyn post yn defnyddio'r 5 gair yma:

neithiwr   heulog   yfory   gwesty   bwyta

9 Mehefin

Annwyl Chris

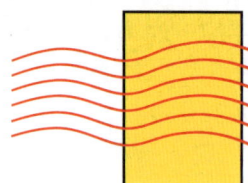

Chris Morris

2 Ffordd y Bryn
Caerddinas
Cymru
SY12 2DL

....

....

....

....

....

....

....

....

....

....

Pob hwyl,

....

3. **Hysbysebion**
    Advertisements

Darllenwch yr hysbysebion yma. Yna, atebwch y cwestiynau sy'n dilyn ar sail yr wybodaeth yn yr hysbysebion. Does dim rhaid defnyddio brawddegau.
Read these advertisements. Then, answer the questions which follow on the basis of the information in the advertisements. You do not need to use sentences.

Recordio Carolau Nadolig

Dewch i ganu!

Mae cwmni teledu Arad yn recordio noson o garolau Nadolig nos Wener 8 Mehefin o 7 o'r gloch ymlaen yng Nghapel Moreia (dros y ffordd i'r ysgol gynradd).

Mynediad am ddim, a phaned o de ar hanner amser.

Bydd y rhaglen ar y teledu ar ddydd Nadolig eleni.

Dosbarth nofio

Dych chi eisiau dysgu sut i nofio? Mae dosbarth bob nos Fawrth yn y ganolfan hamdden rhwng 6.00 a 7.00.

Cost: £5 y sesiwn

I bobl sy **ddim** yn gallu nofio.

Tiwtor: Gwyn Jones
Ffoniwch 07797 263514

Bingo!

Dewch i chwarae Bingo yn neuadd y pentre bob nos Iau o 7.00 tan 11pm.

Dych chi'n gallu ennill pum deg punt!

Pris mynediad: £2 y person
Aled Gwyndaf yw'r bingo-feistr.
Llawer o hwyl!

i. Faint o'r gloch maen nhw'n dechrau recordio'r rhaglen?

....

ii. Ble mae'r capel?

....

iii. Faint yw cost mynd i'r noson recordio?

....

iv. Pryd bydd pobl yn gweld y rhaglen?

....

v. Faint o'r gloch mae'r dosbarth nofio'n dechrau?

....

vi. I bwy mae'r dosbarth nofio?

....

vii. Pwy yw Gwyn Jones?

....

viii. Ar ba noson mae'r bingo?

....

ix. Pryd mae'r bingo'n gorffen?

....

x. Faint mae'n bosib ei ennill yn y bingo?

....

4. Chwilair: Ffeindiwch y geiriau.

byw	yfory	Ble
yn wreiddiol	penwythnos nesa	Pryd
enw	amser sbâr	Sut
teulu	gwyliau	Faint
plant	tywydd	mynd
car	i swper	o'r gloch
gweithio	i frecwast	hoffi
neithiwr		cerdded
ddoe		darllen
heno		gallu

b	i	s	w	p	e	r	u	a	i	l	y	w	g	i
dd	h	e	dd	i	w	p	r	y	d	o	f	c	e	f
l	e	b	ff	o	g	a	ll	u	u	i	o	r	g	r
t	n	a	l	p	e	ng	i	t	o	dd	r	â	h	e
l	o	d	ll	m	i	n	y	i	o	i	y	b	n	c
p	r	ph	i	b	y	w	th	r	rh	e	s	s	e	w
t	a	th	a	w	y	i	u	i	w	r	y	r	ll	a
b	c	e	r	dd	e	d	c	ff	e	w	ch	e	r	s
d	p	e	n	w	y	th	n	o	s	n	e	s	a	t
ff	o	r	g	l	o	ch	a	h	u	y	w	m	d	e
dd	d	n	y	m	u	l	u	e	t	n	i	a	f	ch
d	n	e	i	th	i	w	r	s	o	n	th	y	w	a

5.   Gofynnwch 5 cwestiwn o'r geiriau.

i.

....

ii.

....

iii.

....

iv.

....

v.

....

6. **Erbyn y wers nesa, awgrymwch** *(suggest)* **ble byddwch chi'n gallu mynd i ymarfer Cymraeg cyn diwedd y cwrs yn ystod gwers** *(during a lesson)* **– fallai caffi/siop/tafarn/amgueddfa/canolfan.... Byddwch chi'n pleidleisio** *(vote)* **yr wythnos nesa am y syniad gorau!**

Gair gan y tiwtor:

....

....

....

....

....

Gwaith cartref Uned 23 (dau ddeg tri)

1. Llenwch y bylchau:

i. .... rhaid i chi fynd?

ii. Does .... rhaid iddyn nhw dalu.

iii. Rhaid .... fe brynu car newydd.

iv. Rhaid .... hi siarad Cymraeg â'r cymdogion.

v. Rhaid iddyn .... wrando yn y dosbarth.

2. Atebwch. Defnyddiwch 'rhaid' yn eich ateb.

i. Pam dych chi ddim yn dod i'r dosbarth nesa?

....

ii. Pam dyw'r plant ddim yn yr ysgol?

....

iii. Pam maen nhw'n mynd i'r siop?

....

3. Rhowch gyngor/*Give advice* (Rhaid ...):

   i. Mae pen tost gyda fi. ....

   ii. Mae'r ffliw ar mam-gu. ....

   iii. Mae'r plant wedi blino. ....

   iv. Does dim arian gyda Tomos. ....

   v. Mae Ceri eisiau cadw'n heini. ....

4. Darllen a Deall
Darllenwch y ddeialog, ac yna llenwch y gridiau.

Siân: **Bore da, Dillad Dandi, Llanaber. Siân sy'n siarad. Gaf i helpu?**

Gwyneth: Cewch. Gwyneth Jones dw i. Dw i'n rhedeg y siop flodau yn Llanaber.

Siân: **Dw i'n gwybod. Sut dych chi, Mrs Jones?**

Gwyneth: Iawn, diolch. Dych chi'n gwerthu gwisg ysgol i blant Ysgol y Parc?

Siân: Ydyn. Maen nhw mewn stoc yma. Pryd dych chi eisiau dod i'r siop i gael y dillad, Mrs Jones?

Gwyneth: Rhaid i fi ddod i'r dre i siopa dydd Sadwrn, felly gwela i chi dydd Sadwrn...

Siân: Mae'r siop ar agor o hanner awr wedi naw tan bump o'r gloch bob dydd, ond dw i'n cau'r siop am un o'r gloch ddydd Sadwrn yma, achos rhaid i fi fynd i weld fy mam.

Gwyneth: Dych chi'n lwcus. Rhaid i fi agor y siop flodau am saith o'r gloch bob bore. Mae fy ngŵr i'n mynd â'r ferch i'r ysgol.

Siân: Ydy hi yn Ysgol y Parc?

Gwyneth: Nac ydy, ddim eto, ond bydd hi'n mynd yno ym mis Medi. Mae hi'n un ar ddeg oed.

Siân: Mae fy merch i yn Ysgol y Parc yn barod. Mae hi'n ddeuddeg oed.

Gwyneth: Ydy eich merch chi'n hoffi'r ysgol?

Siân: Ydy. Mae hi'n chwarae llawer o hoci.

Gwyneth: Dyw fy merch i ddim yn hoffi chwaraeon. Mae hi'n hoff o chwarae'r trwmped.

Siân: Bydd hi'n hapus iawn yn yr ysgol, dw i'n siŵr. Mae band pres da iawn gyda nhw.. Rhaid i fi fynd. Gwela i chi ar iard yr ysgol y flwyddyn nesa!

Gwyneth: Siŵr o fod. Diolch yn fawr.

Enw	Ble maen nhw'n gweithio?	Beth maen nhw'n mynd i'w wneud dydd Sadwrn?	Pryd maen nhw'n dechrau gweithio bob bore?
Siân	1	2	3
Gwyneth	4	5	6

Enw	Faint yw oed...?	Beth maen nhw'n hoffi ei wneud?	
merch Siân	7	8	
merch Gwyneth	9	10	

5. Erbyn y wers nesa, ysgrifennwch sgript "Rhaid i chi…" am yr ardal ble dych chi'n byw i helpu ymwelwyr, e.e. Rhaid i chi fynd i'r parc.
By the next lesson, write a script using **Rhaid i chi** *about the area where you live to help visitors, e.g.* **Rhaid i chi fynd i'r parc.**

....

....

....

....

....

....

....

....

....

....

Gair gan y tiwtor:

....

....

....

....

....

Gwaith cartref Uned 24 (dau ddeg pedwar)

1. Atebwch: (Defnyddiwch "Cyn i fi/Ar ôl i fi")

i. Pryd cawsoch chi frecwast heddiw?

....

ii. Pryd byddwch chi'n cael brecwast yfory?

....

iii. Pryd cawsoch chi baned ddiwetha?

....

iv. Pryd byddwch chi'n cael paned nesa?

....

v. Pryd edrychoch chi ar eich ffôn chi ddiwetha?

....

vi. Pryd byddwch chi'n edrych ar eich ffôn chi nesa?

....

vii. Pryd symudoch chi dŷ ddiwetha?

....

viii. Pryd byddwch chi'n symud tŷ nesa?

....

2. Ysgrifennwch bum pwynt am ddoe, a phump am yfory. Defnyddiwch "ar ôl i fi" neu "cyn i fi" bob tro:

DDOE
e.e. "Ar ôl i fi godi, gwnes i baned"

i. ....

ii. ....

iii. ....

iv. ....

v. ....

YFORY
e.e. "Cyn i fi fynd i'r gwely, bydda i'n mynd â'r ci am dro."

vi. ....

vii. ....

viii. ....

ix. ....

x. ....

3. Hysbysebion/_Advertisements_

Darllenwch yr hysbysebion yma. Yna, atebwch y cwestiynau sy'n dilyn ar sail yr wybodaeth yn yr hysbysebion. Does dim rhaid defnyddio brawddegau.
Read these advertisements. Then, answer the questions which follow on the basis of the information in the advertisements. You do not need to use sentences.

Ysgol Roc

Dewch i gwrs gitâr gyda'r gitarydd
enwog Jeff Peck.

Yn Neuadd y Dre, Caellydan.

Dydd Sadwrn, 31 Hydref o 10 y bore tan 5 y prynhawn.

Dewch â'ch gitâr drydan.

Ffoniwch Ffred Ffrimstone ar 01339 44590 am le.

Pris llawn: £30

Dosbarth Dawnsio Bol

Tiwtor: Martha Jones

Yng Nghanolfan Gymunedol, Brodawel.

7.00-9.00 bob nos Fercher.

Dechrau: 5 Medi
£50 am 5 dosbarth.

Rhaid talu yn y dosbarth cynta.
Ffoniwch Martha ar 01678 457492 neu e-bostiwch
martha@dawnscymru.co.uk

**Bydd Megan Evans yn agor ei chaffi newydd
am 8.00 bore Llun, 12 Mehefin!**

Caffi'r Groes

Prynwch un brecwast mawr a chael un arall am ddim!

Bydd y chef teledu Chris Evans, brawd Megan,
yno yn y prynhawn.

Dewch i gwrdd â fe!

Cwestiynau

i. Pam mae Jeff Peck yn enwog? ....

ii. Ble mae Neuadd y Dre? ....

iii. Am faint o'r gloch mae'r cwrs gitâr yn dechrau? ....

iv. Beth yw gwaith Martha Jones? ....

v. Ar ba noson mae'r dosbarth dawnsio bol? ....

vi. Faint yw pris pump dosbarth dawnsio? ....

vii. Pryd mae rhaid i chi dalu am y cwrs? ....

viii. Caffi pwy yw Caffi'r Groes? ....

ix. Sut dych chi'n gallu cael brecwast am ddim? ....

x. Pryd bydd brawd Megan yn y caffi? ....

4. Llenwi bylchau *Gap-filling*

Llenwch y bylchau yn y brawddegau yma, gan ddefnyddio'r sbardun mewn cromfachau neu'r llun, fel y bo'n briodol:
Fill the gaps in these sentences, using the prompts in brackets or the pictures, as appropriate:

i. Dw i'n hoffi .... yn y parc.

ii. Mae John yn gweithio .... swyddfa fawr.

iii. Oes coffi ar y bwrdd? .... (✔)

iv. Beth .... (gwneud) hi neithiwr?

v. Roedd hi'n .... ddoe.

vi. Faint yw oed Aled? .... (3) oed.

vii. Dw i'n byw ym .... **Bangor**

viii. Dw i'n mynd i'r gwely am hanner .... wedi deg. **10.30**

ix. Gaf i ofyn cwestiwn, os .... chi'n dda?

x. Rhaid .... ni dalu'r bil.

Gair gan y tiwtor:

....

....

....

....

Gwaith cartref Uned 25 (dau ddeg pump)

1. Cyfieithwch/*Translate:*

i.   *There is a new menu in the cafe.* ....

....

    The menu is on the table. ....

....

ii.   *Is there a restuarant in the village?* ....

    Is the restaurant expensive? ....

....

iii. *There's no toilet in the village.* ....

....

    The toilet isn't working. ....

....

2. Llenwch y bylchau:

i. Beth .... eich .... chi?

ii. .... o'r gloch .... hi?

iii. Sut mae'r .... ?

iv. Ble .... car?

v. .... mae'r dosbarth?

3. Atebwch y cwestiynau yma gyda brawddeg lawn *(full sentence):*

i. Ble dych chi'n byw?

....

ii. O ble dych chi'n dod yn wreiddiol?

....

iii. Ble aethoch chi i'r ysgol?

....

iv. Beth yw'ch gwaith chi?

....

v. Oes teledu gyda chi?

....

vi. Oes anifeiliaid anwes gyda chi?

....

vii. Ble aethoch chi ar eich gwyliau diwetha?

....

viii. Beth wnaethoch chi ddoe?

....

ix. Beth wnaethoch chi neithiwr?

....

x. Beth wnaethoch chi y penwythnos diwetha?

....

xi. Beth dych chi'n ei wneud y penwythnos nesa?

....

xii. Beth dych chi'n hoffi ei wneud yn eich amser sbâr?

....

xiii. Ble dych chi'n dysgu Cymraeg?

....

xiv. Sut daethoch chi yma heddiw (i'r dosbarth)?

....

xv. Beth dych chi'n ei hoffi ar y teledu?

....

xvi. Beth mae'n rhaid i chi ei wneud yfory?

....

xvii. Sut mae'r tywydd heddiw?

....

xviii. Sut roedd y tywydd ddoe?

....

xix. Am faint o'r gloch dych chi'n codi fel arfer?

....

xx. Beth o'ch chi'n hoffi ei wneud pan o'ch chi'n blentyn?

....

4. Portread/*Portrait*

Ysgrifennwch 5 brawddeg am y person yn y llun yn defnyddio'r wybodaeth yn y symbolau.
Write 5 sentences about the person in the picture using the information in the symbols around him.

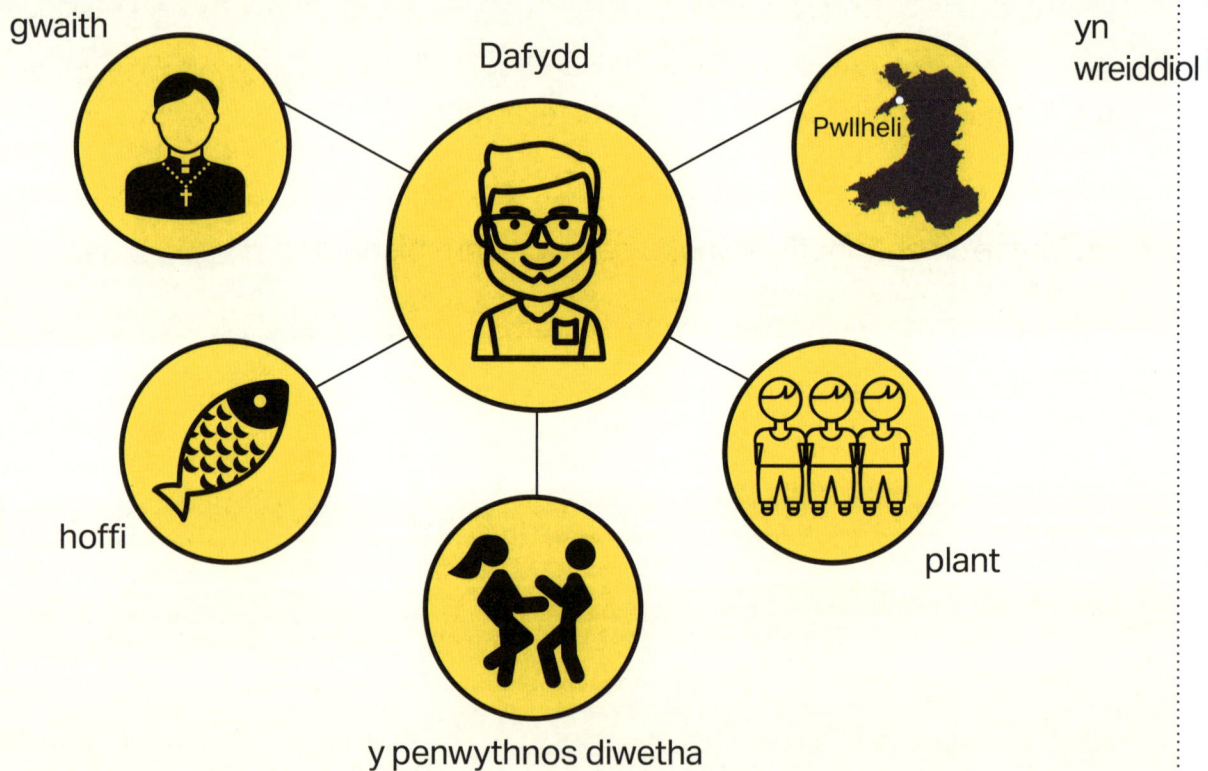

gwaith

Dafydd

yn wreiddiol

Pwllheli

hoffi

plant

y penwythnos diwetha

Dyma Dafydd.

i. ....

ii. ....

iii. ....

iv. ....

v. ....

5. Ysgrifennwch fwletin tywydd i S4C am yr wythnos:

Sut roedd y tywydd yng Nghymru ddoe?
Sut mae'r tywydd heddiw?
Sut bydd y tywydd heno, yfory a dros y penwythnos?

Dyma'r bwletin tywydd. Ddoe ....

....

Heddiw ....

....

Heno ....

....

Yfory ....

....

a dros y penwythnos ....

....

felly ....

....

A dyna'r bwletin tywydd. ....

....

Gair gan y tiwtor:

....

....

....

....

....

....

....

....

Gwaith cartref Uned 26 (dau ddeg chwech)

1. Newidiwch: e > hi:

i. Beth yw lliw ei lygaid e?

....

ii. Beth yw ei enw e?

....

iii. Beth yw ei rif ffôn e?

....

iv. Roedd ei wallt e'n ddu.

....

v. Roedd ei dad e'n gyrru lori.

....

vi. Mae e wedi torri ei goes e.

....

2. Newidiwch: hi > e:

i. Beth yw mêc ei char hi?

....

ii. Beth yw ei hoed hi?

....

iii. Beth yw lliw ei gwallt hi?

....

iv. Ydy ei phlant hi yn yr ysgol?

....

v. Mae ei phartner hi wedi ymddeol.

....

vi. Mae ei gwaith hi'n brysur.

....

3. Cymharwch *(compare)* **chi a'r cymdogion, e.e.**

Mae ein car ni'n hen, mae eu car nhw'n newydd.

i. ....

ii. ....

iii. ....

4. Darllenwch y ddeialog ac atebwch y cwestiynau:

Mae Lowri a Tracy'n cwrdd yn y parc.

Lowri: Tracy! Sut mae'r hwyl?

Tracy: O, ddim yn ddrwg. Mae pen tost gyda fi ar ôl bod gyda'r ddau fachgen drwy'r dydd.

Lowri: Mae'n anodd, dw i'n gwybod. Dim ond un sy gyda fi, a dw i wedi blino bob dydd drwy'r dydd!

Tracy: Dw i'n gwybod. Es i i'r gwely neithiwr am wyth o'r gloch.

Lowri: Dw i'n eitha lwcus. Daeth fy mam aton ni neithiwr i edrych ar ôl Gwenllian, felly es i a fy ngŵr am bryd o fwyd.

Tracy: Do? Ble aethoch chi?

Lowri: Aethon ni i'r lle newydd ar y stryd fawr. Rwyt ti'n gwybod… maen nhw'n gwneud pasta da iawn.

Tracy: O ie. Mae fy mam i wedi bod yno. Mae hi'n hoffi coginio bwyd yr Eidal, ac roedd hi'n hapus iawn gyda'r lle.

Lowri: Mae dy fam di'n dda am goginio, on'd yw hi?

Tracy: Ydy.

Lowri: Mae fy mam i'n help mawr hefyd, ond mae hi'n brysur yn chwarae bowls yn yr haf.

Tracy: Ydy hi'n gweithio o gwbl?

Lowri: Nac ydy. Mae hi wedi ymddeol o'r ysbyty. Beth am dy fam di?

Tracy: Mae hi'n gweithio'n rhan-amser yn yr ysgol erbyn hyn. Mae hi'n hoffi dweud fel jôc, 'dw i'n fam-gu amser llawn'!

Lowri: Ha! Mae'r plant yma'n barod i fynd adre.

Tracy: Ydyn. Hwyl, Lowri.

Enw	Beth sy'n bod arnyn nhw?	Faint o blant sy gyda nhw?	Beth wnaethon nhw neithiwr?
Lowri	1.	2.	3.
Tracy	4.	5.	6.

Enw	Beth maen nhw'n hoffi'i wneud?	Ble maen nhw'n gweithio?
Mam Lowri	7.	8.
Mam Tracy	9.	10.

Nawr, ysgrifennwch bedair brawddeg *(sentences)* **am Lowri, a phedair am Tracy.**

Lowri, e.e. Mae plentyn gyda hi.

i. ....

ii. ....

iii. ....

iv. ....

Tracy, e.e. Aeth hi i'r gwely am wyth o'r gloch neithiwr.

i. ....

ii. ....

iii. ....

iv. ....

Gair gan y tiwtor:

....

....

....

....

....

Gwaith cartref Uned 27 (dau ddeg saith)

1.   Beth yw'r cwestiwn?

i. Cartref yw enw'r tŷ. ....

ii. Jac a Craig yw enwau'r cymdogion. ....

iii. CJ19 HHA yw rhif y car. ....

iv. Coch yw lliw fy ngwallt i. ....

2.   Atebwch:

i. Beth yw lliw eich car chi? ....

ii. Beth yw lliw eich llygaid chi? ....

iii. Beth yw enw'ch deintydd chi? ....

iv. Beth yw enw'ch ffrind gorau chi? ....

3.   Ysgrifennwch y paragraff yn y trydydd person/
Rewrite the paragraph in the third person:

Dw i'n byw gyda fy nhad i, Elfed, ym Mhwllheli. Dw i'n gweithio gyda fy nhad hefyd ond dw i ddim yn mwynhau'r gwaith. Does dim plant gyda fi. Dw i'n hoffi darllen a mynd i'r sinema gyda ffrindiau. Es i i'r dosbarth Cymraeg neithiwr a dysgais i lawer. Mae'r tiwtor yn dda iawn.

Mae John yn byw

....

....

....

....

4. **Ysgrifennwch frawddegau/gwestiynau yn dechrau gyda phob un o'r patrymau:**

    i. Dw i ....

    ii. Does dim ....

    iii. Ro'n i ....

    iv. Fyddan nhw ....

    v. Mae e wedi ....

    vi. Ydy hi wedi ....

    vii. O't ti ....

    viii. Fydda i ddim ....

    ix. Dych chi wedi ....

5. **Geirfa Uned 26. Llenwch y bylchau:**

    i. Mab eich brawd yw eich ....

    ii. Dych chi'n mynd i'r theatr i weld ....

    iii. "Mae eich .... yn canu. Atebwch e!"

    iv. Mae un ar ddeg o chwaraewyr pêl-droed mewn ....

    v. Siân yw fy enw cynta i. Jones yw fy ....

    vi. Mae plant yn hoffi chwarae yn y ....

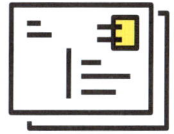

6. Ysgrifennwch gerdyn post yn cynnwys y geiriau isod i gyd.
Does dim rhaid iddyn nhw fod yn y drefn yma.
Dylech chi ysgrifennu rhwng 50 a 60 gair.
Write a postcard including all these words.
They do not have to be in this order.
You should write between 50 and 60 words

ddoe   **bwyd**   **yfory**   **darllen**   **braf**

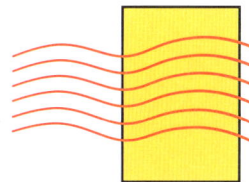

7 Mehefin

Annwyl

....

....

....

....

....

....

....

....

....

Chris Morris

2 Ffordd y Bryn
Caerddinas
Cymru
SY12 2DL

Pob hwyl,

....

Gair gan y tiwtor:

....

....

....

....

....

....

Gwaith cartref (Arholiad)
1. Ysgrifennu Cerdyn Post

1. **Cerdyn Post**
    Postcard

Ysgrifennwch gerdyn post yn cynnwys y geiriau isod i gyd.
Does dim rhaid iddyn nhw fod yn y drefn yma.
Dylech chi ysgrifennu rhwng 50 a 60 gair.
Write a postcard including all these words.
They do not have to be in this order.
You should write between 50 and 60 words

cerdded   heno   ddoe   ystafell   gwlyb

6 Mehefin

Annwyl Ann,

....

....

....

....

....

....

....

....

....

Pob hwyl,

....

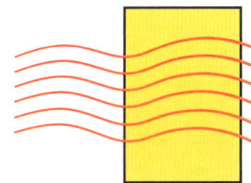

Ann Evans

3 Heol y Môr
Llanaber
Cymru
SA11 2NJ

2. Edrychwch ar y geiriau 'Gofyn cwestiwn' ar dudalen 267 ac ysgrifennwch gwestiwn i fynd gyda phob gair. Defnyddiwch ddarn o **bapur** *(Use a piece of paper.)*

....

....

....

....

....

....

Gair gan y tiwtor:

....

....

....

....

....

....

Geirfa

ben. – *fem.*, **gwr.** – *masc.*, **ll.** – *pl.*, **gw.** – *see*, **bôn** – *stem*

A

a (+ Treiglad Llaes) – *and*
a dweud y gwir – *to be honest*
Abertawe – *Swansea*
actor (gwr.) – *an actor;* actorion - *actors*
actores (ben.) – *an actress;* actoresau
 – *actresses*
ac ati – *et cetera*
achos – *because*
adeilad (gwr.) – *a building;* adeiladau
– *buildings*
adeiladu – *to build* (bôn: adeilad-)
adeiladwr (gwr.) – *a builder;* adeiladwyr
– *builders*
adolygu – *to revise* (bôn: adolyg-)
adre – *home (homeward)*
e.e. 'mynd adre' – *going home*
afon (ben.) – *a river;* afonydd – *rivers*
afreolaidd – *irregular*
agor – *to open* (bôn: agor-)
agos – *near*
allan – *out*
allwedd (ben.) – *a key;* allweddi (De
Cymru) – *keys*
am – *about*
ambiwlans (gwr.) – *an ambulance;*
ambiwlansys – *ambulances*
amgueddfa (ben.) – *a museum;*
amgueddfeydd – *museums*
aml – *often*
amser (gwr.) – *time, a time*
amser sbâr – *spare time*
angel (gwr.) – *an angel;* angylion – *angels*
angen – *to need*
angen (gwr.) - *a need;* anghenion –
needs
anghofio – *to forget* (bôn: anghofi-)
anghywir – *incorrect, wrong*
angor (gwr.) – *an anchor;* angorau –
anchors
anifail (gwr.) – *an animal;* anifeiliaid –
animals
anifail anwes (gwr.) – *a pet*

annwyd (gwr.) – *a cold;* anwydau – *colds*
annwyl – *dear, beloved*
anodd – *difficult*
anrheg (ben.) – *a gift;* anrhegion – *gifts*
apwyntiad (gwr.) – *an appointment;*
apwyntiadau – *appointments*
ar (+ Treiglad Meddal) – *on*
ar gael – *available*
ar lan… – *on the banks of…, on the shore of*
ar ôl – *after, following*
ar unwaith – *at once*
ar werth – *for sale*
araf – *slow*
arall – *other*
arbennig – *special*
archebu – *to order, to book, to reserve*
(bôn: archeb-)
ardderchog – *excellent*
arholiad (gwr.) – *an exam;* arholiadau –
exams
arian (gwr.) – *money, silver*
aros – *to wait* (bôn: arhos-)
ateb – *to answer* (bôn: ateb-)
ateb (gwr.) – *an answer;* atebion – *answers*
athrawes (ben.) – *a female teacher;*
athrawesau – *female teachers*
athro (gwr.) – *a male teacher;* athrawon –
male teachers
athro llanw (gwr.) – *a supply teacher*
aur (gwr.) – *gold*
awdur (gwr.) – *an author;* awduron – *authors*
awr (ben.) – *an hour;* oriau – *hours*
awyren (ben.) – *an aeroplane;* awyrennau
– *aeroplanes*

B

babi (gwr.) – *baby;* babis – *babies*
bach – *small*
bachgen (gwr.) – *a boy;* bechgyn – *boys*
bag (gwr.) – *a bag;* bagiau – *bags*
banana (gwr.) – *a banana;* bananas –
bananas
banc (gwr.) – *a bank;* banciau – *banks*

bar (gwr.) – *a bar;* bariau – *bars*

bara (gwr.) – *bread*

bargen (ben.) – *a bargain;* bargeinion – *bargains*

barn (ben.) – *opinion;* barnau – *opinions*

bechgyn – *boys* (gw. bachgen)

bechod! – *what a pity!* (Gogledd Cymru)

beic (gwr.) – *a bike;* beiciau – *bikes*

beic modur (gwr.) – *a motor bike;* beiciau modur – *motor bikes*

beiro (gwr.) – *a biro;* beiros – *biros*

bendigedig – *brilliant*

berwi – *to boil* (bôn: berw-)

beth? – *what?*

beth bynnag – *anyway, whatever*

bisged (ben.) – *a biscuit;* bisgedi – *biscuits*

ble? – *where?*

blin – *angry* (Gogledd Cymru)

blodyn (gwr.) – *a flower;* blodau – *flowers*

blwyddyn (ben.) – *a year;* blynyddoedd – *years*

blynyddoedd – *years* (gw. blwyddyn)

bod – *to be*

bol / bola (gwr.) – *a stomach;* boliau – *stomachs*

bore (gwr.) – *a morning;* boreau – *mornings*

bowlio – *to bowl* (bôn: bowli-)

braf – *fine*

braich (ben.) – *an arm;* breichiau – *arms*

brawd (gwr.) – *a brother;* brodyr – *brothers*

brecwast (gwr.) – *a breakfast;* brecwastau – *breakfasts*

brechdan (ben.) – *a sandwich;* brechdanau – *sandwiches*

breichiau – *arms* (gw. braich)

bron – *nearly*

brws (gwr.) – *a brush;* brwsys – *brushes*

brwsio – *to brush* (bôn: brwsi-)

brysio – *to hurry* (bôn: brysi-)

buan – *soon*

bugail (gwr.) – *a shepherd;* bugeiliaid – *shepherds*

bwletin (gwr.) – *a bulletin;* bwletinau – *bulletins*

bwrdd (gwr.) – *a table;* byrddau – *tables*

bwrw eira – *to snow*

bwrw glaw – *to rain*

bws (gwr.) – *a bus;* bysiau – *buses*

bwyd (gwr.) – *food;* bwydydd – *foods*

bwydlen (ben.) – *a menu;* bwydlenni – *menus*

bwydo – *to feed* (bôn: bwyd-)

bwyta – *to eat* (bôn: bwyt-)

bwyty (gwr.) – *a restaurant;* bwytai – *restaurants*

byd (gwr.) – *a world;* bydoedd – *worlds*

byr – *short*

bys (gwr.) – *a finger;* bysedd – *fingers*

byth – *ever, never*

byw – *to live*

C

cacen (ben.) – *a cake;* cacennau – *cakes*

cadair (ben.) – *a chair;* cadeiriau – *chairs*

cadw – *to keep, to reserve* (bôn: cadw-)

cadw'n heini – *to keep fit*

cael – *to have, to get*

Caerdydd – *Cardiff*

caffi (gwr.) – *a café;* caffis – *cafés*

Calan Gaeaf – *Halloween*

Calan Mai – *May Day*

camera (gwr.) – *a camera;* camerâu – *cameras*

campfa (ben.) – *a gym;* campfeydd – *gyms*

cân (ben.) – *a song;* caneuon – *songs*

canol (gwr.) – *centre, middle*

canolfan (ben.) – *a centre;* canolfannau – *centres*

canu – *to sing* (bôn: can-)

capel (gwr.) – *a chapel;* capeli – *chapels*

capten (gwr.) – *a captain;* capteiniaid – *captains*

car (gwr.) – *a car;* ceir – *cars*
cariad (ben.) – *a girlfriend;* cariadon – *girlfriends*
cariad (gwr.) – *a boyfriend;* cariadon – *boyfriends*
carafán (ben.) – *a caravan;* carafanau – *caravans*
cardiau – *cards* (gw. cerdyn)
cario – *to carry* (bôn: cari-)
cartref (gwr.) – *a home;* cartrefi – *homes*
caru – *to love* (bôn: car-)
casglu – *to collect* (bôn: casgl-)
castell (gwr.) – *a castle;* cestyll – *castles*
cath (ben.) – *a cat;* cathod – *cats*
cau – *to close* (bôn: cae-)
cawl (gwr.) – *soup;* cawliau – *soups*
cawod (ben.) – *a shower;* cawodydd – *showers*
caws (gwr.) – *cheese;* cawsiau – *cheeses*
ceir – *cars* (gw. car)
ceffyl (gwr.) – *a horse;* ceffylau – *horses*
cefn (gwr.) – *a back;* cefnau – *backs*
cefnder (gwr.) – *a (male) cousin;* cefndryd – *(male) cousins*
cefnogi (bôn: cefnog-) – *to support*
ceg (ben.) – *a mouth;* cegau – *mouths*
cegin (ben.) – *a kitchen;* ceginau – *kitchens*
ceiniog (ben.) – *a penny;* ceiniogau – *pennies*
cenedlaethol – *national*
cerdded – *to walk* (bôn: cerdd-)
cerddor (gwr.) – *a musician;* cerddorion – *musicians*
cerddoriaeth (ben.) – *music*
cerdyn (gwr.) – *a card;* cardiau – *cards*
ci (gwr.) – *a dog;* cŵn – *dogs*
cig (gwr.) – *meat;* cigoedd – *meats*
cig eidion (gwr.) – *beef*
cig moch (gwr.) – *bacon*
cig oen (gwr.) – *lamb meat*
cinio (gwr.) – *dinner, lunch;* ciniawau – *dinners, lunches*
clên – *agreeable, nice* (Gogledd Cymru)

cloc larwm (gwr.) – *an alarm clock;* clociau larwm – *alarm clocks*
clust (ben.) – *a ear;* clustiau – *ears*
clwb (gwr.) – *a club;* clybiau – *clubs*
clywed – *to hear* (bôn: clyw-)
coch – *red*
codi – *to get up, to lift, to pick up* (bôn: cod-)
coeden (ben.) – *a tree;* coed – *trees*
coes (ben.) – *a leg;* coesau – *legs*
cofio – *to remember* (bôn: cofi-)
coffi (gwr.) – *coffee*
coginio – *to cook* (bôn: cogini-)
cogydd (gwr.) – *a (male) cook, chef;* cogyddion – *cooks, chefs*
cogyddes (ben.) – *a (female) cook, chef;* cogyddion – *cooks, chefs*
côr (gwr.) – *a choir;* corau – *choirs*
cost (ben.) – *cost;* costau – *costs*
côt (ben.) – a coat; cotiau – *coats*
crac – *angry* (De Cymru)
credu – *to believe* (bôn: cred-)
crempog (ben.) – *a pancake;* crempogau – *pancakes*
criced – *cricket*
croeso – *welcome*
cuddio – *to hide* (bôn: cuddi-)
cur pen (gwr.) – *a headache* (Gogledd Cymru)
cwestiwn (gwr.) – *a question;* cwestiynau – *questions*
cwm (gwr.) *a valley;* cymoedd – *valleys*
cwmni (gwr.) – *a company;* cwmnïau – *companies*
cŵn – *dogs* (gw. ci)
cwrdd (â) – *to meet (someone)*
cwrs (gwr.) – *a course;* cyrsiau – *courses*
cwrw (gwr.) – *beer*
cychwyn – *to begin* (bôn: cychwynn-)
cyfarfod (gwr.) – *a meeting;* cyfarfodydd – *meetings*
cyfarfod – *to meet*
cyfarth – *to bark* (bôn: cyfarth-)

cyfeiriad (gwr.) – *an address;* cyfeiriadau
– addresses
cyfenw (gwr.) – *a surname;* cyfenwau –
surnames
cyfieithu – *to translate* (bôn: cyfieith-)
cyflym – *fast, quick*
cyfnither (ben.) – *a (female) cousin;*
cyfnitherod – *(female) cousins*
cyfrifiadur (gwr.) – *a computer;*
cyrifiaduron – *computers*
cyfweliad (gwr.) – *an interview;*
cyfweliadau – *interviews*
cylchgrawn (gwr.) – *a magazine;*
cylchgronau – *magazines*
cymaint – *so much*
cymdogion – *neighbours* (gw. cymydog)
cymoedd – *valleys* (gw. cwm)
Cymraeg (ben.) – *Welsh*
Cymru (ben.) – *Wales*
Cymraes (ben.) – *a Welshwoman*
Cymro (gwr.) – *a Welshman*
Cymry – *Welsh people*
cymryd – *to take* (bôn: cymer-)
cymydog (gwr.) – *a neighbour;*
cymdogion – *neighbours*
cymylog – *cloudy*
cyn – *before*
cyngerdd (gwr.) – *a concert;*
cyngherddau – *concerts*
cyngor (gwr.) – *a council, advice;*
cynghorau – *councils*
cynnar – *early*
cynnes – *warm*
cynnwys – *to include*
cynta(f) – *first*
cyrraedd – *to arrive at, to reach* (bôn:
cyrhaedd-)
cysgu – *to sleep* (bôn: cysg-)
cystadleuaeth (ben.) – *a competition;*
cystadlaethau – *competitions*
cystadlu – *to compete* (bôn: cystadl-)
cytuno – *to agree* (bôn: cytun-)
cyw iâr (gwr.) – *chicken (meat)*

Ch

chi – *you (plural and formal singular)*
chwaer (ben.) – *a sister;* chwiorydd –
sisters
chwaith – *either*
chwarae – *to play* (bôn: chwarae-)
chwaraeon – *sports*
chwarter (gwr.) – *a quarter;* chwarteri –
quarters
chwerthin – *to laugh* (bôn: chwerthin-)
chwiorydd – *sisters* (gw. chwaer)
chwith – *left*

D

da – *good*
da-da – *sweets* (Gogledd Cymru)
dail – *leaves* (gw. deilen)
dal – *to catch* (bôn: dali-)
dallt – *to understand* (bôn: dallt-)
(Gogledd Cymru)
damwain (ben.) – *an accident;*
damweiniau – *accidents*
dan (+ Treiglad Meddal) – *under*
dangos – *to show* (bôn: dangos-)
dannodd (ben.) – *toothache*
dant (gwr.) – *a tooth;* dannedd – *teeth*
darllen – *to read* (bôn: darllen-)
darn (gwr.) – *a piece;* darnau – *pieces*
dathlu – *to celebrate* (bôn: dathl-)
dau (+Treiglad Meddal) – *two*
dawnsio – *to dance* (bôn: dawnsi-)
de (gwr.) – *south*
de (ben.) – *right*
deall – *to understand* (bôn: deall-)
dechrau – *to begin, to start*
(bôn: dechreu-)
deffro – *to wake up* (bôn: deffro-)
defnyddio – *to use* (bôn: defnyddi-)
deilen (ben.) – *a leaf;* dail – *leaves*
deintydd (gwr.) – *a dentist;* deintyddion –
dentists
del – *pretty* (Gogledd Cymru)

derbynnydd (gwr.) – *receptionist;*
derbynyddion – *receptionists*
dewis (gwr.) *a choice;* dewisiadau –
choices
dewis – *to choose* (bôn: dewis-)
diddordeb (gwr.) – *an interest;*
diddordebau – *interests*
diddorol – *interesting*
diflas – *miserable*
digon – *enough*
digwydd – *to happen, to occur*
(bôn: digwydd-)
dillad – *clothes* (gw. dilledyn)
dilledyn (gwr.) – *a garment;* dillad –
clothes
dim – *zero*
dim byd – *nothing*
dim ond – *only*
dinas (ben.) – *a city;* dinasoedd – *cities*
diod (ben.) – *a drink;* diodydd – *drinks*
diog – *lazy*
diolch – *thanks*
di-waith – *unemployed*
diwetha – *last (previous)*
diwrnod (gwr.) – *a day;* diwrnodau – *days*
dod – *to come*
dolur gwddw (gwr.) – *sore throat*
(Gogledd Cymru)
dosbarth (gwr.) – *a class;* dosbarthiadau
– *classes*
drama (ben.) – *a play;* dramâu – *plays*
dringo – *to climb* (bôn: dring-)
dros (+ Treiglad Meddal) – *over*
drud – *expensive*
drwg – *bad*
drwodd – *through*
drws (gwr.) – *a door;* drysau – *doors*
Duw (gwr.) – *God*
dŵad – *to come* (Gogledd Cymru)
dweud – *to say* (bôn: dwed-)
dŵr (gwr.) – *water;*
dwyn – *to steal* (bôn: dyg-)
dwyrain (gwr.) – *east*
dydd Calan – *New Year's Day*

dydd Gwener – *Friday*
dydd Gŵyl Dewi – *Saint David's Day*
dydd Iau – *Thursday*
dydd Llun – *Monday*
dydd Mawrth – *Tuesday*
dydd Mercher – *Wednesdasy*
dydd Nadolig – *Christmas Day*
dydd Sadwrn – *Saturday*
dydd Sul – *Sunday*
dydd (gwr.) – *a day;* dyddiau – *days*
dyfalu – *to guess* (bôn: dyfal-)
dyma – *here is, this is*
dymuno – *to wish* (bôn: dymun-)
dyn (gwr.) – *a man;* dynion – *men*
dyna – *there is*
dyna drueni! – *what a pity!* (De Cymru)
dyna pam – *that's why*
dynes (ben.) – *woman* (Gogledd Cymru)
dysgu – *to teach* (bôn: dysg-)

Dd

ddoe – *yesterday*

E

ebost (gwr.) – *email;* ebyst – *emails*
echdoe – *the day before yesterday*
edrych ar – *to watch, to look at*
(bôn: edrych-)
efo – *with* (Gogledd Cymru)
eglwys (ben.) – *a church;*
eglwysi – *churches*
eira (gwr.) – *snow*
eisiau – *to want*
eistedd – *to sit* (bôn: eistedd-)
eitha – *fairly, quite*
ennill – *to win* (bôn: enill-)
enw (gwr.) – *a name;* enwau – *names*
enwog – *famous*
erioed – *never*
ers – *since*
ers talwm – *a long time ago*
(Gogledd Cymru)

eryr (gwr.) – *an eagle;* eryrod – *eagles*

esgid (ben.) – *a shoe;* esgidiau / sgidiau – *shoes*

esgusodi – *to excuse* (bôn: esgusod-)

eto – *again*

ewythr (gwr.) – *an uncle;* ewythrod – *uncles*

F

faint – *how much, how many*

fel – *as, like*

fel arfer – *usually*

felly – *so, thus*

fi – *me*

fideo (gwr.) – *a video;* fideos – *videos*

finegr (gwr.) – *vinegar*

Ff

ffair (ben.) – *a fair;* ffeiriau – *fairs*

ffatri (ben.) – *a factory;* ffatrïoedd – *factories*

ffeindio – *to find* (bôn: ffeindi-)

ffenest (ben.) – *a window;* ffenestri – *windows*

ffermio – *to farm* (bôn: ffermi-)

ffermwr (gwr.) – *a farmer;* ffermwyr – *farmers*

fferyllfa (ben.) – *a pharmacy;* fferyllfeydd – *pharmacies*

ffigwr (gwr.) – *a figure;* ffigyrau – *figures*

ffilm (ben.) – *a film;* ffilmiau – *films*

ffisig (gwr.) – *medicine;* ffisigau – *medicines* (Gogledd Cymru)

fflat (ben.) – *a flat;* fflatiau – *flats*

ffôn (gwr.) – *a phone;* ffonau – *phones*

ffôn symudol – *mobile phone*

ffonio – *to phone* (bôn: ffoni-)

ffordd (ben.) – *a way, a road;* ffyrdd – *ways, roads*

Ffrainc – *France*

ffrind (gwr.) – *a friend;* ffrindiau – *friends*

ffrwyth (gwr.) – *a fruit;* ffrwythau – *fruit(s)*

ffurflen (ben.) – *a form;* ffurflenni – *forms*

ffyrdd – *ways, roads* (gw. ffordd)

G

gadael – *to leave* (bôn: gadaw-)

gaeaf (gwr.) – *winter*

gair (gwr.) – *a word;* geiriau – *words*

galw – *to call* (bôn: galw-)

gallu – *to be able to, can* (bôn: gall-) (De Cymru)

gardd (ben.) – *a garden;* gerddi – *gardens*

garddio – *to garden* (bôn: garddi-)

garddwr (gwr.) – *a gardener;* garddwyr – *gardeners*

garej (ben.) – *a garage;* garejis – *garages*

geiriadur (gwr.) – *a dictionary;* geiriaduron – *dictionaries*

geiriau – *words* (gw. gair)

gêm (ben.) – *a game;* gemau – *games*

gerddi – *gardens* (gw. gardd)

glanhau – *to clean* (bôn: glanheu-)

glaw (gwr.) – *rain;*

go lew – *pretty good, middling* (Gogledd Cymru, Gorllewin Cymru)

gobaith (gwr.) – *hope;* gobeithion – *hopes*

gobeithio – *to hope*

gofalus – *careful*

gofyn – *to ask* (bôn: gofynn-)

gogledd (gwr.) – *north*

golau (gwr.) – *a light;* goleuadau – lights

golchi – *to wash* (bôn: golch-)

goleuadau traffig – *traffic lights*

golff (gwr.) – *golf*

gorau – *best*

gorfod – *to have to*

gorffen – *to finish, to end* (bôn: gorffenn-)

goriad (gwr.) – *a key;* goriadau – *keys* (Gogledd Cymru)

gorllewin (gwr.) – *west*

gormod – *too much*

gorsaf (ben.) – *a station;* gorsafoedd – *stations*

gwaith (gwr.) – *work;* gweithiau – *works*

gwallt (ll.) – *hair*

gwan – *weak*

gwanwyn (gwr.) – *spring*

gwario – *to spend* (bôn: gwari-)

gwasanaeth (gwr.) – *a service;*
gwasanaethau – *services*

gweddol – *so-so*

gweithio – *to work* (bôn: gweithi-)

gweithiwr (gwr.) – *a worker;* gweithwyr –
workers

gweld – *to see* (bôn: gwel-)

gwell – *better*

gwely (gwr.) – *a bed;* gwelyau – *beds*

gwenu – *to smile* (bôn: gwen-)

gwers (ben.) – *a lesson;* gwersi – *lessons*

gwerth (gwr.) – *worth, value*

gwerthu – *to sell* (bôn: gwerth-)

gwesty (gwr.) – *a hotel;* gwestai – *hotels*

gwin (gwr.) – *wine;* gwinoedd – *wines*

gwir (gwr.) – *truth*

gwir neu gau – *true or false*

gwirion – *daft* (Gogledd Cymru)

gwisgo – *to dress, to wear* (bôn: gwisg-)

gwlad (ben.) – *a country;* gwledydd –
countries

Gwlad yr Iâ – *Iceland*

gwleidydd (gwr.) – *a politician;*
gwleidyddion – *politicians*

gwlyb – *wet*

gwneud – *to do, to make*

gwobr (ben.) – *a prize;* gwobrau – *prizes*

gŵr (gwr.) – *a husband, a man;* gwŷr –
husbands, men

gŵr tŷ (gwr.) – *a house husband*

gwraig (ben.) – *a wife, a woman;*
gwragedd – *wives, women*

gwraig tŷ – *housewife*

gwrando ar – *to listen to* (bôn:
gwrandaw-)

gwreiddiol – *original*

gwybod – *to know*

gŵyl (ben.) – *a festival, a holiday;* gwyliau
– *festivals, holidays*

gwylio – *to watch* (bôn: gwyli-)

gwyn – *white*

gwynt (gwr.) – *wind;* gwyntoedd – *winds*

gwyntog – *windy*

gyda – *with* (De Cymru)

gyda'r nos – *in the evening*

gyferbyn (+ â) – *opposite*

gyrru – *to drive* (bôn: gyrr-)

gyrrwr (gwr.) – *a driver;* gyrwyr – *drivers*

Ng

H

haf (gwr.) – *summer;* hafau – *summers*

halen (gwr.) – *salt*

ham (gwr.) – *ham*

hanes (gwr.) – *history;* hanesion –
histories

hanner (gwr.) – *a half;* haneri – *halves*

hapus – *happy*

haul (gwr.) – *a sun*

hawdd – *easy*

heb (+ Treiglad Meddal) – *without*

hedfan – *to fly* (bôn: hedfan-)

heddiw (gwr.) – *today*

heddlu (gwr.) – *police*

hefyd – *also, too*

hel – *to collect* (bôn: heli-) (Gogledd
Cymru)

help (gwr.) – *help*

helpu – *to help* (bôn: help-)

hen – *old*

hen bethau – *antiques*

heno – *tonight*

het (ben.) – *a hat;* hetiau – *hats*

heulog – *sunny*

hir – *long*

hoci (gwr.) – *hockey*

hoff – *favourite*

hoffi – *to like* (bôn: hoff-)

hogan (ben.) – *a girl, a lass;* genod – *girls,
lasses* (Gogledd Cymru)

hogyn (gwr.) – *a boy, a lad;* hogiau – *boys, lads* (Gogledd Cymru)
hufen (gwr.) – *cream*
hufen iâ (gwr.) – *ice cream*
hwyl (ben.) – *fun*
hwyl – *good-bye*
hwyr – *late*
hydref (gwr.) – *autumn;* Hydref (gwr.) – *October*
hyfryd – *nice, pleasant*
hysbyseb (ben.) – *an advertisement;* hysbysebion – *advertisements*

I

i (+ Treiglad Meddal) – *to*
i ffwrdd – *away*
i fyny – *up, upward*
i gyd – *all*
i lawr – *down, downward*
iawn –*OK, very*
iechyd (gwr.) – *health*
ifanc – *young*
isio – *to want* (Gogledd Cymru)
Iwerddon (ben.) – *Ireland*

J

jam (gwr.) – *jam;* jamiau – *jams*
joio – *to enjoy* (bôn: joi-)

L

ledled – *throughout*
lemon (gwr.) – *a lemon;* lemonau – *lemons*
Lerpwl – *Liverpool*
lico – *to like* (bôn: lic-) (De Cymru)
licio – *to like* (bôn: lici-) (Gogledd Cymru)
lifft (gwr.) – *a lift;* lifftiau – *lifts*
lolfa (ben.) – *a lounge;*
lôn (ben.) – *a lane;* lonydd – *lanes*
lwc (ben.) – *luck*
lwcus – *lucky*

Ll

llaeth (gwr.) – *milk* (De Cymru)
llais (gwr.) *a voice;* lleisiau – *voices*
llawen – *happy, merry*
llawer – *a lot*
llawn – *full*
llawr (gwr.) – *a floor;* lloriau – *floors*
lle (gwr.) – *a place;* lleoedd – *places*
lle? – *where?* (Gogledd Cymru)
lled (gwr.) – *width*
llefrith (gwr.) – *milk* (Gogledd Cymru)
llen (ben.) – *a curtain;* llenni – *curtains*
llenwi – *to fill* (bôn: llenw-)
llestr (gwr.) – *a dish;* llestri – *dishes*
llinell (ben.) – *a line;* llinellau – *lines*
lliw (gwr.) – *a colour;* lliwiau – *colours*
lliw haul (gwr.) – *a suntan*
Lloegr (ben.) – *England*
llond ceg (gwr.) – *a mouthful*
llong (ben.) – *a ship;* llongau – *ships*
llongyfarchiadau – *congratulations*
llun (gwr.) – *a picture;* lluniau – *pictures*
Llundain – *London*
llwnc (gwr.) – *a throat* (De Cymru)
llyfr (gwr.) – *a book;* llyfrau – *books*
llyfrgell (ben.) – *a library;* llyfrgelloedd – *libraries*
llyfrgellydd (gwr.) – *a librarian;* llyfrgellwyr – *librarians*
llygad (gwr.) – *an eye;* llygaid – *eyes*
llynedd – *last year*
llysfab (gwr.) – *a stepson;* llys feibion – *stepsons*
llysferch (ben.) – *a step daughter;* llys ferched – *step daughters*
llysiau – *vegetables;*

M

ma's – *out* (De Cymru)
mab (gwr.) – *a son;* meibion – *sons*
mabwysiadu – *to adopt* (bôn: mabwysiad-)

maes (gwr.) – *a field;* meysydd – *fields*
maes parcio (gwr.) – *car park*
mam (ben.) – *a mother;* mamau – *mothers*
mam faeth (ben.) – *a foster mother;* mamau maeth – *foster mothers*
mam-gu (ben.) – *a grandmother;* mam-guod – *grandmothers* (De Cymru)
mam-yng-nghyfraith (ben.) – *mother-in-law*
maneg (ben.) – *a glove;* menig – *gloves*
manylion – *details*
marchnad (ben.) – *a market;* marchnadoedd – *markets*
mawr – *big*
mêc (gwr.) – *a make;* mêcs – *makes*
medru – *to be able to, can* (bôn: medr-) (Gogledd Cymru)
meddwl – *to think* (bôn: meddyli-)
meddyg (gwr.) – *a doctor;* meddygon – *doctors*
meddygfa (ben.) – *a doctor's surgery;* meddygfeydd – *doctors' surgeries*
mefus – *strawberries* (gw. mefusen)
mefusen (ben.) – *a strawberry;* mefus – *strawberries*
meibion – *sons* (gw. mab)
meindio – *to mind* (bôn: meindi-)
mêl (gwr.) – *honey*
melysion – *sweets*
menig – *gloves* (gw. maneg)
menyn (gwr.) – *butter*
menyw (ben.) – *a woman;* menywod – *women* (De Cymru)
merch (ben.) – *a girl, a daughter;* merched – *girls, daughters*
methu – *to fail* (bôn: meth-)
mewn – *in a*
mewn pryd – *in time*
mil (ben.) – *a thousand;* miloedd – *thousands*
miliwn (ben.) – *a million;* miliynau – *millions*
mis (gwr.) – *a month;* misoedd – *months*
mis mêl (gwr.) – *a honeymoon;* misoedd mêl – *honeymoons*

modryb (ben.) – *an aunt;* modrabedd – *aunts*
moddion – *medicine*
môr (gwr.) – *a sea;* moroedd – *seas*
moron – *carrots* (gw. moronen)
moronen (ben.) – *a carrot;* moron – *carrots*
munud (ben./gwr.) – *a minute;* munudau – *minutes*
mwy – *more*
mwynhau – *to enjoy* (bôn: mwynheu-)
mynd – *to go*
mynd â – *to take*
mynd am dro – *to go for a walk*
mynediad (gwr.) – *entry*

N

nabod – *to know (someone), to recognise*
Nadolig (gwr.) – *Christmas*
nai (gwr.) – *a nephew;* neiaint – *nephews*
nain (ben.) – *a grandmother;* neiniau – *grandmothers* (Gogledd Cymru)
nawr – *now* (De Cymru)
neb – *nobody, no one*
neis – *nice*
neithiwr – *last night*
nes – *until*
nesa(f) – *next*
neu (+ Treiglad Meddal) – *or*
neuadd (ben.) – *a hall;* neuaddau – *halls*
newydd – *new*
newyddion – *news*
nith (ben.) – *a niece;* nithod – *nieces*
niwlog – *foggy*
nofio – *to swim* (bôn: nofi-)
nôl – *to get, to collect*
nos (ben.) – *a night;* nosau – *nights*
Nos Galan – *New Year's Eve*
noson (ben.) – *an evening*
noswaith (ben.) – *an evening;* nosweithiau – *evenings*
nunlle – *nowhere* (Gogledd Cymru)
nwy (gwr.) – *a gas;* nwyon – *gasses*

nyrs (ben.) – *a nurse;* nyrsys – *nurses*
nyrsio – *to nurse* (bôn: nyrsi-)

O

o (+ Treiglad Meddal) – *from*
o gwbl – *at all*
o gwmpas – *around*
o 'ma – *from here, away*
o'r gloch – *o'clock*
o'r gorau – *OK, alright*
ochr (ben.) – *a side;* ochrau – *sides*
oed (gwr.) – *age (of a person)*
oer – *cold*
oeri – *to get cold, to chill* (bôn: oer-)
ofnadwy – *terrible*
ola(f) – *last, final*
ond – *but*
opera (ben.) – *an opera;* operâu – *operas*
oriau – *hours* (gw. awr)
oriawr (gwr.) – *a watch (timepiece)*
os – *if*
os gwelwch chi'n dda – *please*

P

p'nawn (gwr.) – *an afternoon* (gw. prynhawn)
pa? (+ Treiglad Meddal) – *which?*
pabell (ben.) – a tent; pebyll – *tents*
pacio – *to pack* (bôn: paci-)
paent (gwr.) – *paint;* paentiau – *paints*
pam? – *why?*
pan (+ Treiglad Meddal) – *when*
paned (ben.) – *a cuppa;* paneidiau – *cuppas*
papur newydd (gwr.) – *a newspaper;* papurau newydd – *newspapers*
pâr (gwr.) – *a pair;* parau – *pairs*
paratoi – *to prepare* (bôn: parato-)
parc (gwr.) – *a park;* parciau – *park*s
parcio – *to park* (bôn: parci-)
parod – *ready*
parti (gwr.) – *a party;* partïon – *parties*

Pasg (gwr.) – *Easter*
pasport (gwr.) – *a passport;* pasportau – *passports*
pasta (gwr.) – *pasta*
pawb – *everyone, everybody*
peintio – *to pain*t (bôn: peinti-)
peiriant (gwr.) – *a machine;* peiriannau – *machines*
pêl (ben.) – *a ball;* peli – *balls*
pêl-droed (gwr.) – *football*
pell – *far*
pen (gwr.) – *a head;* pennau – *heads*
pen-blwydd (gwr.) – *a birthday;* penblwyddi – *birthdays*
pennaeth (gwr.) – *a head (person), a principal;* penaethiaid – *heads, principals*
pensil (gwr.) – *a pencil;* pensiliau – *pencils*
pensiwn (gwr.) – *a pension;* pensiynau – *pensions*
pensiynwr (gwr.) – *a pensioner;* pensiynwyr – *pensioners*
pentre(f) (gwr.) – *a village;* pentrefi – *villages*
penwythnos (gwr.) – *a weekend;* penwythnosau – *weekends*
perffaith – *perfect*
perfformio – *to perform* (bôn: perfformi-)
pert – *pretty* (De Cymru)
peswch (gwr.) – *a cough*
peswch – *to cough* (bôn: pesych-)
pigyn clust (gwr.) – *earache* (Gogledd Cymru)
pinc – *pink*
plant – *children* (gw. plentyn)
pleidleisio – *to vote* (bôn: pleidleisi-)
plentyn (gwr.) – *a child;* plant – children
plismon (gwr.) – *a policeman;* plismyn – *policemen*
pob – *each, every*
pobl (ben.) – *people*
poen (ben.) – *a pain;* poenau – *pains*
poeni – *to worry*

poeth – *hot*

pont (ben.) – *a bridge;* pontydd – *bridges*

popeth – *everything*

porc (gwr.) – *pork*

porffor – *purple*

posib – *possible*

post (gwr.) – *post*

postmon (gwr.) – *a postman;* postmyn – *postmen*

prawf (gwr.) – *a test;* profion – *tests*

pres (gwr.) – *money* (Gogledd Cymru), *brass*

prif – *main, first, top, highest*

prifathro (gwr.) – *headmaster;* prifathrawon – *headteachers*

prifathrawes (ben.) – *headmistress;* prifathrawesau – *headmistresses*

prifysgol (ben.) – *an university;* prifysgolion – *universities*

priod – *married*

priodi – *to marry* (bôn: priod-)

problem (ben.) – *a problem;* problemau – *problems*

pryd? – *when?*

prynhawn (gwr.) – *an afternoon;* prynhawniau – *afternoons*

prynu – *to buy* (bôn: pryn-)

prysur – *busy*

punt (ben.) – *a pound (money);* punnoedd – *pounds*

pwdin (gwr.) – *a pudding;* pwdinau – *puddings*

pwll (gwr.) – *a pool;* pyllau – *pools*

pwll nofio (gwr.) – *a swimming pool*

pwll glo (gwr.) – *a coal mine*

pwy? – *who?*

pwysig – *important*

pys – *peas*

pysgodyn (gwr.) – *a fish;* pysgod – *fish(es)*

Ph

R

radio (gwr.) – *a radio*

ras (ben.) – *a race;* rasys – *races*

rownd (ben.) – *a round;* rowndiau – *rounds;*

rownd – *round*

rŵan – *now* (Gogledd Cymru)

rygbi (gwr.) – *rugby*

Rh

rhad – *cheap*

rhaglen (ben.) – *a programme;* rhaglenni – *programmes*

rhai – *some*

rhan (ben.) – *a part;* rhannau – *parts*

rhan-amser – *part-time*

rhedeg – *to run* (bôn: rhed-)

rheina – *those*

rheoli – *to manage, to control* (bôn: rheol-)

rheolwr (gwr.) – *a manager;* rheolwyr – *managers*

rheolwraig (ben) – *a manageress;*

rhestr (ben.) – *a list;* rhestri – *lists*

rhew (gwr.) – *ice*

rhif (gwr.) – *a number;* rhifau – *numbers*

rhwng – *between*

rhy – *too (before an adjective)*

rhyfedd – *strange, funny, odd*

rhyw (+ Treiglad Meddal) – *any, some*

rhywbeth (gwr.) – *something*

rhywle (gwr.) – *somewhere*

rhywun (gwr.) – *someone*

S

Saesnes (ben.) – *an Englishwoman;* Saeson – *English people*

Saesneg (ben.) – *English (language)*

Sais (gwr.) – *an Englishman;* Saeson – *English people*
sâl – *ill, sick, bad, poor*
salad (gwr.) – *a salad;* saladau – *salads*
Sbaen (ben.) – *Spain*
sbâr – *spare*
sbectol (ben.) – *spectacles (glasses)*
sbwriel (gwr.) – *rubbish* (gw. ysbwriel)
seiclo – *to cycle* (bôn: seicl-)
sêl cist car (ben.) – *a car boot sale;* sêls cist car – *car boot sales*
seren (ben.) – *a star;* sêr – *stars*
sglodion – *chips;*
sgorio – *to score* (bôn: sgori-)
sgwennu – *to write* (bôn: sgwenn-) (Gogledd Cymru)
siarad – *to talk* (bôn: siarad-)
siec (ben.) – *a cheque;* sieciau – *cheques*
sigarét (ben.) – *a cigarette;* sigaréts – *cigarettes*
silff (ben.) – *a shelf;* silffoedd – *shelves*
silff ben tân – *mantelpiece*
sillafu – *to spell* (bôn: sillaf-)
sinema (gwr.) – *a cinema;* sinemâu – *cinemas*
siocled (gwr.) – *chocolate;* siocledi – *chocolates*
sioe (ben.) – *a show;* sioeau – *shows*
Siôn Corn – *Santa Claus*
siop (ben.) – *a shop;* siopau – *shops*
siopa – *to shop* (bôn: siop-)
siopwr (gwr.) – *a shopkeeper;* siopwyr – *shopkeepers*
sir (ben.) – *a county;* siroedd – *counties*
siwgr (gwr.) – *sugar*
siŵr – *sure*
smwddio – *to iron* (bôn: smwddi-)
stamp (gwr.) – *a stamp;* stampiau – *stamps*
stondin (ben.) – *a stall, a booth;* stondinau – *stalls, booths*
stopio – *to stop* (bôn: stopi-)

stormus – *stormy*
stryd (ben.) – *a street;* strydoedd – *streets*
sudd (gwr.) – *juice;* suddion – *juices*
sut? – *how?*
swnllyd – *noisy*
swper (gwr.) – *a supper;* swperau – *suppers*
swydd (ben.) – *a job, a post;* swyddi – *jobs, posts*
swyddfa (ben.) – *an office;* swyddfeydd – *offices*
sych – *dry*
syched (gwr.) – *thirst*
symud – *to move* (bôn: symud-)
syniad (gwr.) – *an idea;* syniadau – *ideas*
syth – *straight*

T

tabled (gwr.) – *a tablet;* tabledi – *tablets*
taclus – *tidy*
tad (gwr.) – *a father;* tadau – *fathers*
tad-cu (gwr.) – *a grandfather;* tad-cuod – *grandfathers* (De Cymru)
tad maeth (gwr.) – *foster father;* tadau maeth – *foster fathers*
tad-yng-nghyfraith (gwr.) – *father-in-law* tadau-yng-nghyfraith – *fathers-in-law*
tafarn (ben.) – *a pub;* tafarnau – *pubs*
taflen (ben.) – *a leaflet;* taflenni – *leaflets*
tai – *houses* (gw. tŷ)
taid (gwr.) – *a grandfather;* teidiau – *grandfathers* (Gogledd Cymru)
taith (ben.) – *a journey;* teithiau – *journeys*
talu – *to pay* (bôn: tal-)
tan (+ Treiglad Meddal) – *until*
tân (gwr.) – a *fire;* tanau – *fires*
taro – *to hit, to strike*
taten (ben.) – *a potato;* tatws – *potatoes*
te (gwr.) – *tea*
tebyg – *similar, alike*
tedi (gwr.) – *a teddy bear*

tegan (gwr.) – *a toy;* teganau – *toys*
tegell (gwr.) – *a kettle;* tegelli – *kettles*
tei (gwr.) – *a tie;* teis – *ties*
teimlo – *to feel* (bôn: teiml-)
teithio – *to travel* (bôn: teithi-)
teledu (gwr.) – *a television*
tennis (gwr.) – *tennis*
teulu (gwr.) – *a family;* teuluoedd – *families*
teuluol – *family* (e.e. y cartref teuluol – *the family home*)
ti – *you (informal singular)*
tîm (gwr.) – *a team;* timau – *teams*
tipyn – *a little, a bit*
tocyn (gwr.) – *a ticket;* tocynnau – *tickets*
tomato (gwr.) – *a tomato;* tomatos – *tomatoes*
torri – *to break* (bôn: torr-)
torri lawr – *to break down*
torth (ben.) – *a loaf;* torthau – *loaves*
tost (gwr.) – *toast*
tost (ans.) – *sick, ill* (De Cymru)
traed – *feet* (gw. troed)
traeth (gwr.) – *a beach;* traethau – *beaches*
trafod – *to discuss* (bôn: trafod-)
tref (ben.) – *a town;* trefi – *towns*
trefnu – *to arrange, to organise* (bôn: trefn-)
trên (gwr.) – *a train;* trenau – *trains*
trio – *to try* (bôn: tri-)
trip (gwr.) – *a trip;* tripiau – *trips*
trist – *sad*
tro (gwr.) – *a turn*
troed (ben.) – *a foot;* traed – *feet*
troi – *to turn* (bôn: troi-)
trwy (+ Treiglad Meddal) – *through*
trwyn (gwr.) – *a nose;* trwynau – *noses*
trydan (gwr.) – *electricity, electric*
trydydd – *third*
tu allan i/tu fa's i – *outside*
tua (+Treiglad Llaes) – *about*
tudalen (gwr.) – *a page;* tudalennau – *pages*

twp – *stupid*
twym – *warm, hot* (De Cymru)
tŷ (gwr.) – *a house;* tai – *houses*
tŷ bach – *a toilet*
tyfu – *to grow* (bôn: tyf-)
tymor (gwr.) – *a season, a term;* tymhorau – *seasons, terms*
tynnu – *to pull* (bôn: tynn-)
tynnu llun – *to take a picture; to draw a picture*
tywydd (gwr.) – *weather*

Th

U

ugain – *twenty;* ugeiniau – *twenties*
uned (ben.) – *a unit;* unedau – *units*
unman – *nowhere*
unrhyw (+ Treiglad Meddal) – *any*
unwaith – *once*
uwd (gwr.) – *porridge*

W

wal (ben.) – *a wall;* waliau – *walls*
wedi blino – *tired*
wedyn – *after, afterwards*
weithiau – *sometimes*
wir – *indeed*
wrth (+ Treiglad Meddal) – *by*
wrth gwrs – *of course*
wy (gwr.) – *an egg;* wyau – *eggs*
wyneb (gwr.) – *a face;* wynebau – *faces*
wythnos (ben.) – *a week;* wythnosau – *weeks*

Y

y baban Iesu – *the baby Jesus*
y llynedd – *last year*
y we (ben.) – *the web*
ych-a-fi! - *horrid, yuck!*
ychydig – *a little, a few*

yfed – *to drink* (bôn: yf-)
yfory – *tomorrow*
yma – *here*
ymarfer – *to practise, to rehearse*
ymddeol – *to retire* (bôn: ymddeol-)
ymlacio – *to relax* (bôn: ymlaci-)
ymlaen – *on, ahead, forward*
ymolchi – *to wash (one's self)*
(bôn: ymolch-)
ymweld (â) – *to visit* (bôn: ymwel-)
ymweliad (gwr.) – *a visit;* ymweliadau –
visits
yn (+ Treiglad Trwynol) – *in*
yn barod – *already*
yn ôl – *back*
yn unig – *only*
yna – *there, then*
yno – *there*
ynys (ben.) – *an island;* ynysoedd –
islands
Yr Alban (ben.) – *Scotland*
Yr Wyddfa (ben.) – *Snowdon*
ysbyty (gwr.) – *a hospital;* ysbytai –
hospitals
ysbwriel (gwr.) – *rubbish*
ysgol (ben.) – *a school;* ysgolion –
schools
ysgrifennu – *to write* (bôn: ysgrifenn-)
ystafell (ben.) – *a room;* ystafelloedd –
rooms
ystyr (gwr.) – *a meaning;* ystyron –
meanings